저평가된
알짜 아파트
한 채

저 평 가 된
알짜 아파트
한   채

○─ 빅데이터로 찾아내는 현명한 내 집 마련 ─○

제이크 차 지음

이레미디어

계속되는 규제 때문에
부동산 투자를 진짜 해도 괜찮을까?

1. 왜 정부는 계속해서 부동산 대책을 내놓을까?
규제의 역설

2020년 7월 10일 부동산 대책이 나왔다. 이번 정부 들어서 22번째다. 도대체 언제까지 흔들릴 것인가. 역사를 공부하면 미래를 알 수 있다. 정부 규제는 처음 나온 것이 아니다. 이 책의 5장에서 부동산 가격은 정책에 따라 어떻게 움직였는지 자세히 기술해 놓았다. 과거도 현재도 정부의 정책과 달리 반대로 움직였다. 이렇게 역설적으로 움직이는 이유는 정부 대책은 시장의 대세 상승을 막기 위한 후행성 지표이기 때문이다. 진짜 큰 파동은 2장에서 설명하는 10가지 경제지표와, 3~4장에서 설명하는 숲과 나무를 보는 핵심 데이터들이다. 만약, 부동산 가격이 대세 하락을 이야기한다면, 그것은 규제 때문이 아니라 경제 위기가 닥친 것이다.

그렇다면 우리는 이렇게 영향이 미미한 후행성 지표인 정부 규제를 보고 투자해야 할까? 아니면 실제 핵심적인 선행성 데이터들을 확인하고 분석해서 투자해야 할까?

간단하게 실제 사례를 살펴보자. 누구나 인정하는 강력한 대책인 2018년 9.13대책과 2017년 8.2대책을 분석해보자. 지금은 아무렇지 않게 느껴지지만, 그때는 만만치 않게 심각했었다. 4장 1절에서 2019년 1분기와, 2020년 1분기의 9.13 주택 안정화 대책에 대한 광명시 재개발 매매가격 변동 사례를 볼 수 있다. 그리고 2017년 8.2대책에 대한 결과를 4장 5절 서울시 당산 지역의 매매가 변동을 보고 알 수 있다. 이렇게 수 없이 많은 사례를 통해 부동산 대책은 진짜 지표가 아니라고 말하고 있다. 작은 파동일 뿐이다.

반대로 1997년 외환 위기, 2008년 금융 위기 때는 어떠했는가? 논란의 여지가 있는가? 우리가 진짜 걱정하고 세심하게 분석해야 할 것은 부동산 안정화 대책, 규제가 아닌 경제지표를 제대로 분석해서 숲과 나무를 잘 살펴볼 수 있는 핵심 데이터다. 경제지표는 지금 시장이 크게 올라가는 인플레이션 시장인지, 시장에 참여해야 하는 시기인지를 알려준다.

앞으로 이 책에서 말하는 지구, 숲, 나무를 보는 핵심 분석 방법은 지금 이 시장에서 자신의 수익률을 어떻게 하면 더 극명하게 높일 수 있는지 자세하게 알려준다.

첫 번째, 경제지표를 보고 이 시장에 참여하기로 결단을 내렸다면, 두 번째로 수익률을 높일 수 있는 방법을 찾는 것이 현명한 투자자일 것이다.

작은 리플인 부동산 규제의 시기에는 많은 사람이 두려움을 느끼기 마련이다. 이때 저평가된 알짜 매물이 급매로 나올 수 있다. 이런 기회를 놓치지 말고 잡아야 한다. 일정 기간 위축된 매물이 나오고, 전부 소진되면 즉, 팔 사람이 다 팔면 그 다음 매물이 잠긴다. 급한 사람들은 이미 판 것이다. 이제 팔지 않고 더 오를 때까지 가지고 있는 사람들만 남는다. 그러면 공급이 끊긴다. 재건축, 재개발 등 정비사업도 규제를 하기 때문에 새로 시작되는 공급조차 없다. 서울은 특히 건물을 더 지을 땅도 없다. 안 그래도 한계가 있는 공급을 더 희소하게 만든다면, 시장은 어떻게 될까? 세금 규제와 임대차 3법 등 모두 공급을 줄이고 희소성을 만드는 규제다. 양도세를 50퍼센트 이상 내야 한다면, 누가 집을 팔고 세금을 반 이상 내고 싶을까? 결국 팔지 않는다. 그러므로 주택은 점점 더 희소해진다.

임대차 3법은 이미 독일, 영국 등 선진국에서 시도했던 제도다. 모두 실패하고 주택 가격만 엄청나게 상승했다. 결국 규제는 시장을 더 자극시킬 뿐이다. 임대료 상승을 막는다면, 임대인이 낮아진 수익률 때문에 임대를 하지 않게 된다. 수익이 안 나오는데 누가 자선 사업을 할 것인가? 그렇게 되면 임대 시장의 공급이 저해되고, 사주는 사람이 없으니 건설시장은 공급을 안 하고, 주택은 점점 더 희소해져서 가격 상승으로 악순환이 펼쳐진다. 이것은 이미 선진국에서 일어난 일이다.

가끔 자극적으로 나오는 기사 중에 임대차 평생 갱신 청구권을 볼수 있다. 독일에서는 이러한 말도 안 되는 것들, 그리고 형평성에 어긋

난 부동산세 과세 평가까지 모두 위헌 판정을 받았다. 상식선에서 생각해야 한다. 먼저 시행했던 선진국들의 사례를 살펴본다면, 미래를 잘 대처할 수 있을 것이다. 한국건설산업연구원 공동세미나에서 발표한 글로벌 도시의 주택시장과 정책을 보면 자세한 근거 자료들을 확인할 수 있다. 필자의 블로그에도 파일을 올려놓았다(https://blog.naver.com/wodmsck/222021458123).

차라리 3기 신도시 같은 공급 대책이 빨리 나왔더라면 더 좋았을 것이다. 하지만 이러한 공급 대책도 토지보상부터 입주까지 엄청난 세월이 걸린다. 정부도 경제를 망가뜨리지 않는 선에서 주택 가격을 잡는다는 것이 쉽지 않을 것이다.

신혼부부는 매년 생길 것이기 때문에 수요는 계속 있다. 심지어 인구수, 세대수가 증가하는 지역들이 아직도 많다. 수요는 늘어나고 공급은 줄어든다면, 희소한 상품으로 이루어진 주택 시장은 잠시 쉬었다가 상승장이 더 오래, 더 크게 간다. 이렇게 해서 규제의 역설이 생긴다.

전국이 모두 투기과열지구로 묶이면 어떻게 될까? 모든 지역이 규제지역이 된다면, 어느 곳도 규제가 아닌 것과 같다. 모든 지역이 평등하게 다시 시작한다.

이번에 수도권 대부분이 규제지역으로 잡혔다. 수도권 외곽까지 다 한 번씩 올랐다는 이야기다. 이제 서울 중심 입지부터 다시 시작한다. 왜냐하면 수도권 외곽 입지와 서울 중심지의 조건이 같아졌기 때문이다. 다시 또 상승할 수밖에 없는 이유는 전 세계적으로 유동성이 엄청나게 증가하고 있기 때문이다. 저금리 시대에 점점 더 늘어나는 돈이 갈 곳이 없다. 여태껏 상상도 못할 자산시장의 엄청난 인플레이션 시대가 다가오고 있다.

　토끼몰이를 진행 중인 정부의 규제, 작은 리플을 보고 투자했다면 수익률이 낮아졌을 수 있다. 우리는 가짜 지표가 아닌 큰 파동을 보고 투자해야 한다. 경제지표 및 핵심 데이터들이 대세 상승을 나타낸다면, 주택가격 역시 상승한다. 다만, 양도 차익으로 인한 수익에서 내야 할 세금이 더 많아졌을 수는 있다. 하지만 수익률이 조금 떨어진다고 해서 수익을 내지 아니할 것인가?

　결국 전 세계적으로 동조화되어 있는 글로벌 시대에는 세계 경제를 분석할 줄 알아야 하고, 수요와 공급, 유동성 증감 등 부동산 가격이 오르는 원리를 알아야 한다. 나만 알고 싶은 노하우와 방법들을 이 책에 아낌없이 쏟아내려고 한다. 이 책을 읽는 분들이 똑똑하게 부를 쌓아가기를 희망한다.

2. 그럼에도 부동산 투자를 해야 한다

왜 부동산 투자가 답일까?

　직장인이라면 매달 나오는 월급을 받고 있기 때문에 현재의 생활에 만족하면서 생활하면 되지 않을까? 통계청에서 발표한 사람의 1인당 생애주기를 보면 직장에서 돈을 버는 30세~60세 흑자 구간을 제외하면, 0세~30세와 60세 이상의 구간 모두 적자다. 직장인은 평생 월급을 받으면서 잘 살 것 같지만, 결국 30년 동안 번 돈으로 자녀를 0세부터 30세까지 양육하고 60세 이상의 부모를 부양한다. 또한 자신의 노후 준비까지 해야 한다.

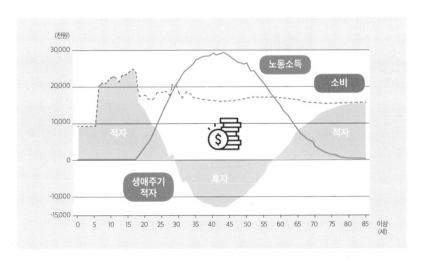

통계청 1인당 생애주기 적자 그래프

우리나라 교육 시스템에서는 글로벌 경제나, 부동산 자산 등 자본주의에 대한 개념 공부가 부재되어 있다. 독자들은 이 책을 통해서라도 하루빨리 자본주의 경제 시스템에 대해 깨닫고, 월급에 안주하는 말 잘 듣는 월급쟁이가 아닌 자본가로서의 자유로운 삶을 살기를 희망한다. 자본주의 사회에서 통화량 증가로 인한 인플레이션은 피할 수 없다. 종이 화폐는 가짜 돈이고, 실물 자산이 진짜 돈이다.

필자는 자본주의 시스템을 깨닫고 나서, 근로 소득 이외에 현금흐름을 발생시키기 위해 수많은 도전을 해보았다. 국내 주식, 장외 주식, 미국 주식, 인도네시아 주식, 비트코인, 금, 은 등 귀금속 투자, 수익형 부동산, 시세 차익형 부동산 등 여러 분야에 투자했다. 그중에서 몸소 느꼈던 가장 성적이 좋고 안정적인 부동산 투자에 대해 책을 쓰게 되었다. 물론, 부동산 투자가 가장 수익률이 높고, 항상 안전하다는 것은 아니지만, 실물 자산으로 가장 꾸준히 안정적으로 우상향하는 투자 대상이다. 다만 경제 위기가 올 때는 금, 은, 미국채 등 안전 자산으로 위기를 분산하는 것도 좋은 방법이다.

하나금융그룹에서 발표한 한국 부자들의 자산관리 방식 및 라이프스타일 보고서를 보면, 부자들의 자산 형성 기여는 부동산 투자가 가장 높게 나온다. 특히 최근 부자들의 자산 중 부동산 자산이 늘어나고 있다. 50대 이하는 주택 위주의 시세 차익형 투자를, 60대 이상은 상업용 부동산과 같은 현금흐름이 발생할 수 있는 수익형 투자를 위주로 실시하고 있다. 그런데 그 부자들의 부동산 포트폴리오 중에 주택 및 아파트가 매년 급격하게 늘어나고 있다. 우리가 투자해서 성공하려면, 적어도 부자들이 자산을 늘리고 있는 쪽에 관심을 두고 봐야 하지 않을까? 그래서 이 책에서 주택, 특히 아파트를 선정하는 제이크 차만의 비법을 공개한다. 사실 나만 알고 싶지만, 책을 읽고 이러한 방법대로 따라 할 사람들은 소수이기 때문에 자세하게 알려주려고 한다. 부디 나의 예상을 깨고 이 책을 읽는 많은 분들이 꼭 경험하길 바란다.

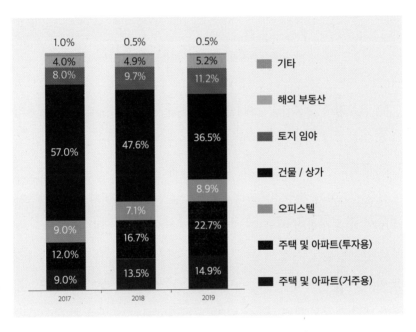

한국 부자들의 주택 및 아파트 자산 비중 증가 그래프

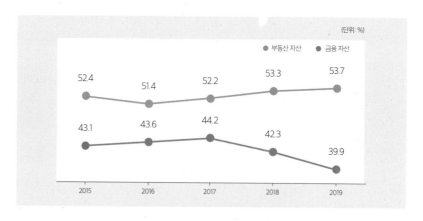

(단위: %)

● 부동산 자산   ● 금융 자산

52.4   51.4   52.2   53.3   53.7

43.1   43.6   44.2   42.3   39.9

2015   2016   2017   2018   2019

한국 부자들의 총 자산 구성비 추이

　KB금융지주 경영연구소에서도 최근 5년 이내 처음으로 금융자산 비중이 40퍼센트 미만으로 하락하고, 부동산 자산 비중이 증가하다고 있다고 발표했다. 그중에서도 주택 비중이 가장 높다.

　가장 가파르게 자산 비중이 늘어나고 있는 분야는 투자용 주택 및 아파트다. 많은 사람이 아파트가 돈이 될 것이라고 생각한다는 것이다. 정부도 이것을 알고 있기 때문에 규제를 통해서 많이 오른 수익만큼 세금을 올리는 것이다. 세금이 오른다고 수익을 내지 아니할 것인가? 수익도 많이 내고 세금도 많이 내자. 투자용 주택 및 아파트로만 돈이 몰린다면 버블의 위험이 있지만, 그래프처럼 거주용 주택 및 아파트도 비중이 점차 늘어나고 있다. 전체적인 주택 및 아파트 시장의 공급 부족과 유동성 증가로 인하여 돈의 흐름에 관심을 두게 되는 것이다.

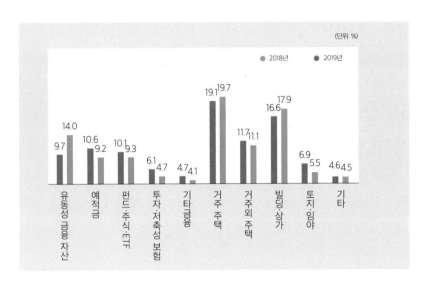

(단위: %)

● 2018년　　● 2019년

한국 부자들의 총 자산 포트폴리오

　부동산 투자에도 분야는 많지만 크게 두 가지로 볼 수 있다. 월 현금 흐름이 빨리 발생할 수 있는 수익형 부동산 투자와 시간은 조금 걸리지만 한 번에 큰 수익을 얻을 수 있는 시세 차익형 부동산 투자가 있다.

　필자는 창과 방패에 비유하여 시세 차익형 부동산을 공격형(창) 투자로, 수익형 부동산을 수비형(방패)으로 나누고자 한다. 이런 두 가지 부동산 투자가 골고루 이루어져야 서로 위기와 단점을 보완해주면서 성공적인 투자를 할 수 있다. 예를 들면, 시세 차익형 전세 레버리지 투자를 위주로 했을 때 생각지도 못한 역전세가 발생할 수 있다. 그때 충분한 현금흐름이 발생하는 수익형 부동산이 수비를 해준다면 위기를 생각보다 쉽게 모면할 수 있다.

　이렇게 골고루 적절하게 비율을 섞어서 투자하는 부동산 투자 포트폴리오에 대해서 소개하고 싶다. 우선 부동산에 투자할 투자금의 50퍼센트를 공격형 시세 차익형 부동산에 투자하기를 바란다. 이 책에서 자세하게 다룰 주택을 거주용과 투자용으로 나누어서 투자하는 것을 추천한다. 데이터와 지도, 그리고 발품 답사를 통해 2023년까지 어디에 투자해야 할지 이미 답은 정해져 있다.

사실 시세 차익형 부동산은 토지, 빌딩, 상가주택, 다가구주택, 단독주택, 다세대 연립빌라 등 여러 가지가 있지만, 이 책에서는 아파트 주택에 관련된 재개발, 재건축, 리모델링, 분양권, 신축, 준신축, 구축 아파트에 대한 투자법을 다룬다.

그다음 나머지 반 중에 25퍼센트를 누구나 소액으로 투자할 수 있는 셰어하우스나 에어비앤비를 추천한다. 이 분야는 상가, 빌라, 오피스텔 투자처럼 많은 돈이 필요하지 않다. 소액으로 시작할 수 있기 때문에 요즘 대학생들도 많이 하고 있는 투자 방법이다. 소소하게 용돈 벌이라고 생각할 수 있지만, 매달 현금흐름을 만드는 시스템은 추후 위기가 생겼을 때 많은 힘이 되어줄 것이다.

마지막 25퍼센트는 자신의 투자 성향에 맞게 하면 된다. 젊고 공격적인 성향의 투자자라면 토지, 사업, 부업과 같이 대박 날 수 있는 분야에, 나이가 있고 조금 안정적인 성향의 투자자라면 미국 주식 중에 배당이 꾸준히 잘 나오는 주식에 투자하라고 권하고 싶다. 뒤에서 다시 말하겠지만, 경제의 중심인 미국에 투자하는 것이 안전하다. 게다가 소액으로 투자 가능한 미국 주식 중에서도 배당주를 꾸준히 모아간다면, 수익률은 다른 것들에 비해 낮을 수 있어도 안전하게 자산을 불려 나갈 수 있을 것이다.

부자가 현재 부를 이룰 수 있었던 가장 주된 원천은 사업소득과 부동산 투자라고 한다. 개인마다 자신만의 역량을 키워서 사업소득을 늘리고, 부동산 투자까지 겸한다면 성공할 것이다.

필자가 소개한 부동산 포트폴리오를 참고하여 분산 투자한다면, 안전하고 성공적으로 투자할 수 있을 것이다. 본문에서 50퍼센트를 투자하라고 권했던 공격형 시세 차익형 부동산 중에 주택 및 아파트 투자에 대해서 자세하게 살펴보자.

Contents

Chapter 1

고수들만 아는
부동산 투자의 성공 요인

고수들만 아는 부동산 투자의 성공 요인

부동산 투자 방법을 본격적으로 소개하기 전에, 먼저 부동산 투자에서 실패하는 요인들을 살펴보려고 한다. 다른 투자보다 안전하다는 부동산 투자에 왜 실패하는 것일까? 어떤 경우에 실패하는지 자세히 알아보자.

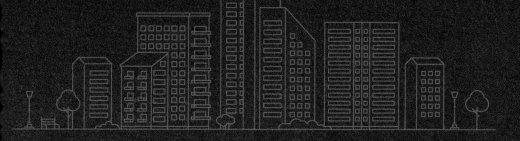

스스로 데이터를 살펴보고
경제 위기를 감지한다

막연하게 부동산 투자를 해야 한다고 하면, 지레 겁부터 먹는 사람들이 있다. 특히 1997년 IMF 외환 위기와 2008년 서브프라임 모기지 금융 위기를 직접적으로 경험했던 사람들이 그렇다. 이러한 경제 위기가 가정과 도시, 국가를 파괴할 정도로 치명적이고 무서운 것임을 알기에 걱정부터 앞서는 것이다. 그렇다면 이러한 두려움의 원천인 경제 위기가 어떻게 부동산 투자와 연관되는지 함께 알아보자.

기본적으로 실물 자산인 주택은 물가 상승률을 따라서 상승한다. 국가 경제가 인플레이션에 있다고 판단하면 자산은 상승하고, 디플레이션에 있다고 생각되면 하락한다. 그러나 이것은 큰 경제 위기와 과다 물량의 공급이 없다는 전제에서 가능한 것이다. 역사적으로 주택 가격은 큰 경제 위기가 없는 시기에는 전반적으로 상승했다.

하지만 경제 위기가 왔을 때, 한국의 수도인 서울 아파트도 매매 지수는 보합을 했다. 큰 경제적으로 위기에 닥치면, 길게는 10년까지 매매지수가 오르지 않을 수 있다. 그렇기 때문에 경제 위기를 관찰하고 파악하는 능력은 매우 중요하다. 뉴스나 신문 기사에서 말하는 대로 믿는 것이 아닌, 스스로 데이터를 관찰하고 경제 상황을 판단해야 한다. 경제적으로 위기가 없다면, 대부분의 아파트는 매매지수가 물가 상승률을 따라가면서 상향한다.

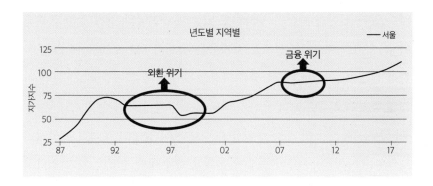

한국감정원 서울 지가지수

많은 사람이 경제 상황을 좌시하지 않고 부동산 투자를 했다가, 1997년 IMF가 닥치자 아파트 가격이 크게 하락하는 경험을 맛보았다. 한 번의 경험이었지만 무섭고 두려웠기에 남은 부동산을 모두 팔려고 했다. 주변 가격보다 저렴하게 내놓았지만 아파트가 팔라지 않아서 급매로 아파트를 처분했다. 2008년 서브프라임 모기지 금융 위기 때도 비슷한 상황이 벌어졌다. 실물 자산은 장기적으로 우상향하는 것을 알면서도 실제로 경제적 위기를 겪게 되면, 두려움에 자산을 처분하려고 한다. 이런 상황에서 대부분의 사람이 부동산을 팔려고 하기 때문에 더더욱 팔기 어려워진다. 더 손해를 볼 것 같은 두려움에 자산들을 하루빨리 털고 싶지만, 안 팔려서 계속 하락하는 것을 보면서 수년간 스트레스를 받는다. 다시는 아파트 투자를 하지 않겠다고 다짐하고 드디어 자산 매도에 성공했는데, 경제 위기를 회복하고 본격 상승하는 시기가 시작되었다.

어떤가? 악몽과 같지 않은가? 부동산 투자할 때, 가장 먼저 해야 할 것이 있다면 현재 자신이 투자하고 있는 대한민국의 경제 상황을 꿰뚫어 볼 수 있어야 한다. 실제로 부자들은 경제적 위기로 인하여 많은 사람이 힘들 때, 좋은 입지의 좋은 상품들이 급매로 쏟아질 때, 그동안 비축해 놓았던 현금으로 부동산을 하나씩 하나씩 쓸어 담는다. 그들은 전 세계는 물론, 한국의 경제 상황을 누구보다 더 열심히 분석하고 알려고 노력한다. 일반 대중들이 상승기 꼭지에 매수해서 경제적 위기에 닥치면 두려움에 던지는 것과 반대로 움직인다.

대중들과 반대로 움직여야 돈을 벌 수 있다. 우리도 2장에서 다룰 경제 지식들을 활용해서 하락장 끝부분에 매수해서 활황세에서 매도할 수 있는 고수가 되어보자.

제이크의 One Point Lesson

부자들이 보통 사람들과 달리 매수·매도 타이밍을 확실하게 잡는 이유!
철저한 경제 분석을 통해 현재 경제 상황을 파악하고 위기를 항상 관찰하기 때문이다.

그 지역의 입주 물량을
확인한다

경제 위기가 아니라고 한다면, 우상향할 수 있으니 아무 곳이나 매수해도 될까? 투자가 그렇게 쉽다면 얼마나 좋을까? 안전하게 투자하기 위해서 봐야 할 지표들이 많지만, 경제 위기 관찰 다음으로 반드시 이것만큼은 꼭 확인해야 한다.

경제 위기가 아닌 경우에 매매가격이 하락한다면, 그 지역에 지속적으로 물량이 과다 공급되고 있다는 것이다. 여러 가지 주요 지표들이 있지만, 우선 경제 위기와 공급 물량 폭탄인 지역들을 피하는 것이 가장 중요하다. 이것만이라도 알고 투자하자!

먼저 경기도 평택 고덕국제신도시처럼 입주 물량이 폭발적으로 늘어난 곳을 한번 살펴보자. 지금은 상황이 좋지만, 과거를 복기해서 공부해 보는 것이다. 평택시의 한국감정원 지가변동률 및 아파트 매매가격지수만 보더라도 2017년부터 확실히 꺾였다는 것을 볼 수 있다. 과연 2017년에는 어떤 일이 있었던 것일까?

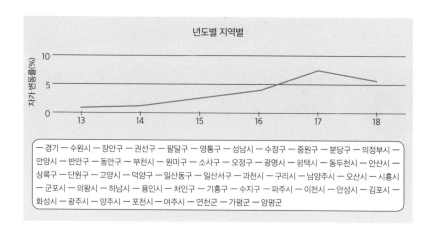

한국감정원 경기도 평택시 지가변동률

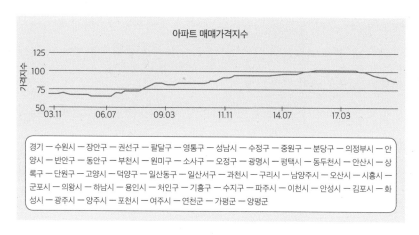

한국감정원 경기도 평택시 아파트 매매가격지수

경기도 평택시 아파트 매매가격이 2017년부터 확 꺾였던 이유는, 대량의 입주 물량 때문이다. 공급 앞에 장사 없다고, 폭발적으로 늘어난 입주 물량으로 인하여 기존 아파트들의 매매가격 역시 꺾일 수밖에 없었다. 다음 그림은 평택시의 분기별 입주 물량을 나타낸 것이다. 그 지역의 적정 물량[1] 대비 입주 물량이 2017년도부터 2020년까지 엄청나게 많은 것을 볼 수 있다. 누적 입주 물량도 표기했는데, 이렇게 4년간 입주 물량이 지속해서 생기다 보니, 소화되지 못한 악성 미분양 물량들이 쌓일 수밖에 없었다. 투자를 결정하기 전에 추후 3년간 입주 물량을 꼭 확인해야 한다.

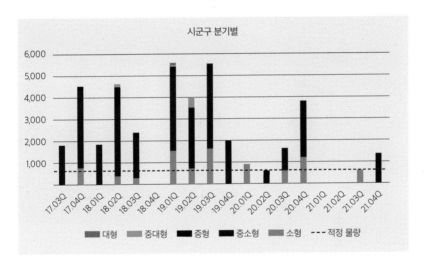

경기도 평택시 분기별 입주 물량

누적 입주 물량은 적정 물량보다 공급이 많아지면 올라가고, 적정 물

---

1   적정 입주 물량은 지역별 인구수에 따라 많이 쓰이는 계산법을 따른다.
     연간 적정 입주 물량: 인구수 x 0.005
     분기별 적정 입주 물량: 연간 적정 입주 물량 / 4

량보다 공급이 적어지면 내려간다. 즉, 경기도 평택시처럼 계속해서 적정 물량보다 공급이 많이 된다면 공급의 피로감은 누적되어서 누적 입주 물량이 쌓이게 될 것이다. 반대로, 계속해서 적정 물량보다 적게 공급된다면 누적 입주 물량 그래프는 내려가게 될 것이다. 우리는 이 누적 입주 물량 그래프 추이가 내려가기 시작하는 시점에 투자해야 한다.

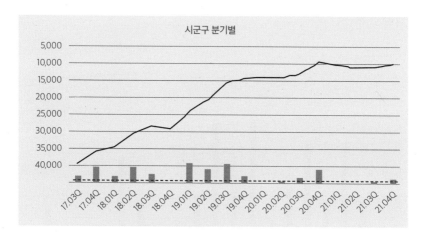

경기도 평택시 분기별 누적 입주 물량

제이크의 One Point Lesson

투자를 결정하기 전에 반드시 해야 할 것!
앞으로 3년간 입주 물량을 확인한다. 지속적으로 공급이 과다하게 발생하는 지역은 피하자!

호재만 믿고 투자하지 않는다!
호재는 덤이다

부동산 투자가 대중화되면서 많은 사람이 진입하고 있는 것이 현실이다. 하지만 부동산 투자를 공부할 때, 먼저 뉴스 기사의 호재만 보고 제대로 공부한다고 생각하는 사람들이 있다. 하지만 이것이 얼마나 위험한 발상인지 언급하려고 한다.

부동산 투자는 서로 먹고 먹히는 제로섬과 같다. 순진한 생각으로 막연하게 접근했다가는 열심히 모은 종잣돈을 한순간에 날려버릴 수 있는 무서운 곳이다. 수천만 원에서 수억 원이 들어가는 곳이 바로 부동산 투자다. 그런데 누구나 볼 수 있는 뉴스처럼 기자가 쓴 기사를 전부 믿을 수 있을까?

자본만 있으면 신문사를 만들 수 있고, 사심이 있는 기사도 인터넷에 배포할 수 있다. 심지어 정부가 발표하는 계획 역시 전부 믿을 수 있을까? 그 발표가 실현 가능성 있는 것보다 정치를 위한 발표라면 어떻겠는가? 실제로 실현 가능한 호재는 극히 일부분이며, 그 확률이 높은 호재를 찾아내려면 많은 공부와 노력이 필요하다. 일반인이 접하는 흔한 뉴스는 더 이상의 호재가 아니다. 정부나 뉴스 기사의 유도에 속지 않기 위해서는 본인만의 투자 판단 기준이 필요하다.

실제로 부동산 투자에 있어서 정말 중요한 지표는 따로 있다. 호재는 덤이라고 생각하고, 진짜 지표들을 활용해서 투자처를 찾아야 한다. 컨설팅, 기획부동산 등 일반인의 피 같은 돈을 노리는 야수들도 많다. 흔히 볼 수 있는 현수막에 걸린 부동산 투자 광고에 혹하는 사람들이 있다. 그렇게 애를 써서 광고할 정도면 얼마나 인기가 없는 것일까? 그게 돈이 된다면 자신부터 사지 왜 광고를 할까? 한 번만 더 심오하게 생각해보면 알 수 있는 것들이 많다.

나는 절대 호재만 보고 투자하지 않는다. 호재는 덤으로 생각하고 투자한다. 호재보다 중요하게 살펴봐야 할 지표들이 많다. 호재는 그 지역, 그 부동산 근처에 항상 있다. 다만 그 지역의 매매가가 상승하면 그 호재가 부각될 뿐이다. 대개 호재는 하락할 때 쑥 들어갔다가, 상승할 때 튀어나온다. 진짜 중요한 지표는 따로 있다. 부동산 투자도 건강 관리처럼 꾸준함이 필요하다.

제이크의 One Point Lesson

호재는 덤이다! 오로지 호재만 믿고 투자하는 행위는 카지노 룰렛에 베팅하는 것과 같다. 진짜 중요하게 공부해야 할 지표들은 따로 있다.

투자자들의 성공 확률을
높이는 3가지 방법

많은 사람이 "계란을 한 바구니에 담지 말자"라고 말하는 것처럼 분산투자를 해야 할지, "흩어지면 죽는다. 뭉쳐야 산다"처럼 집중투자를 해야 할지 고민한다. 과연 어떤 것이 현명한 선택일까? 함께 궁금증을 해소해보자.

특히 부동산 투자는 언제, 어떤 것이 생겨나서 어떻게 영향을 미칠지 모르는 세계다. 다만, 수많은 분석을 통해 끊임없이 확률을 높이는 싸움을 하는 것이다. 아무리 확신이 든다고 해도 복잡한 세계에서는 어떤 문제들이 생길지 모른다. 그렇기 때문에 전문가들이 추천한 지역도 100퍼센트 확정적으로 오를 수 없다. 미래는 아무도 확신할 수 없다.

그러므로 현명한 투자자는 확률이 높은 곳에 분산투자를 한다. 당신이 가지고 있는 모든 것을 한 곳에 전부 베팅하는 것은 위험할 수 있다. 잘 되면 좋겠지만, 만약에 본인이 분석한 것에 오류가 있다면 어떻게 될까?

그렇다면 이렇게 중요한 투자의 확률을 어떻게 높일 수 있을까? 확률 높은 투자를 하기 위한 세 가지 방법이 있다.

첫째, 이미 투자로 성공한 멘토를 찾아보자. 당신의 주변에 부동산 투자로 성공한 사람이 없다면 서점에 가서 책을 찾아보거나 인터넷으로 강연을 들을 수 있다. 그들의 노하우를 배워보자.

둘째, 객관적인 데이터를 직접 찾아보자. 누구나 아는 정보는 특별하지 않다. 신뢰할 만한 자료를 스스로 찾아보고 공부해야 한다. 자신만의 기준을 만들어보자.

셋째, 직접 현장을 확인해야 한다. 이 세 가지는 꼭 전부 해야 하는 것이다. 많은 사람이 제대로 공부하지 않고 대충 분석한 다음, 온종일 답사를 다녀서 피곤한 마음에 덜컥 계약하는 경우가 많다. 몇만 원짜리를 사는 데도 수없이 고민하는데, 수억 원짜리를 매수하는데 며칠의 답사로 끝내는 것이 좋은 선택일까?

흔히 부동산 투기로 돈을 좀 번다는 복부인들도 부동산 투자 관련 강의를 듣고, 멘토들의 주장이 겹치는 곳에 신중하게 투자한다. 고수들은 준비 과정이 무척 꼼꼼하고 세심하지만, 행동할 때는 빠르다. 확률 높은 곳들을 차근차근 찾아보자. 그런 다음 여러 곳에 투자해보자. 이렇게 하다 보면 본인의 실력도 점차 늘어나서 성공 확률과 수익률도 점점 좋아질 것이다.

혹자는 인구수가 줄어든다고 걱정을 하지만, 적어도 2030년까지는 우리나라 인구수, 세대수 증감 데이터는 긍정적이다. 물론 지역마다 수급의 차이가 있기 때문에 제대로 분석해서 투자해야 한다. 아직 2030년까지 세대당 인구수는 주택 투자를 하기에 충분하다. 인허가 실적과 분양 공급 물량 등 데이터가 현재 2030년까지 전부 있지는 않지만, 적어도 앞으로 3년, 2023년까지는 많은 데이터들이 있기 때문에 주요 지표들을 보고 수요와 공급을 어느 정도 객관적으로 추정할 수 있다.

2023년까지 이미 답은 정해져 있다. 진입과 출구 전략을 잘 세운다면, 확률 높은 곳에 분산투자를 한다면 반드시 성공할 것이다.

제이크의 One Point Lesson

성공 확률 높은 투자의 3가지 방법!
1. 투자로 성공한 멘토를 찾아가자.
2. 객관적인 데이터로 스스로 공부한다.
3. 발품 답사를 통해 현장을 확인한다.

경매는 투자의 기술일 뿐!
빅데이터 분석이 먼저다

부동산 투자라고 하면, 연관 검색어로 많이 볼 수 있는 것이 경매다. 경매는 부동산 투자의 기술 중 하나로, 최근 들어 많이 대중화되었다. 대학생부터 퇴직한 중장년층까지 경매를 하는 사람들이 많아졌다. 부동산 투자를 하기 위해서는 이런 경매 기술부터 열심히 배워야 할까?

투자의 세계를 지구라고 한다면, 제대로 투자하기 위해서는 먼저 숲을 보고, 나무를 보고 나서 잎사귀를 봐야 한다. 경매는 원하는 물건을 조금 더 싸게 살 수 있는 매수 기술로 잎사귀에 해당한다. 숲을 보지 않고 경매를 한다면 큰 우를 범할 수 있다.

간혹 주변의 투자자들을 보면, 어느 지역을 투자해야 하는지 숲을 보지 않고, 경매 기술만 배워서 어렵게 부동산을 경매로 취득한다. 권리 분석, 배당, 명도 등의 어려운 절차를 처리하고 나니 하락 지역이어서 매매 시세가 계속 떨어지고 있다. 싸게 매입했지만, 결국 하락하고 있는 지역에서 샀기 때문에 고생은 고생대로 하고 시세대로 산 꼴이 된다.

앞에서 언급한 평택시의 그때 그 시절 아무 아파트나 찍어서 예시로
한 번 살펴보자.

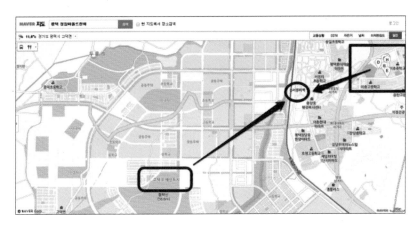

경기도 평택시 서정리역 일대 지도

앞에서도 말했지만 개발 계획은 이미 2012년 12월에 승인되어 진행
되었다. 경기도 평택시 서정동, 장당동, 고덕면 일대에 5만 7천여 가구
가 들어설 예정이었다. 수용 인구로는 약 14만 명에 달한다. 서정리역
주변의 아파트를 경매로 낙찰받았다고 생각해보자. 이 주변에 고덕국제
신도시로 인하여 입주 물량이 어마어마하게 있다는 것을 떠올려보자.

경기도 평택시 서정리역 일대 경매물건

2017년 8월, 경매에 참여하려고 갔다가 깜짝 놀랐었다. 12명이나 입찰에 참여했기 때문이다. 덕분에 감정가와 비슷한 가격에 낙찰되었다. 운이 좋아서 낙찰받은 부동산을 3개월 만에 전세를 줬다고 가정해보자. 2년이 지난 후에 이 아파트 시세는 어떻게 되었을까? 간편하게 네이버 부동산 시세로 확인해보자.

2017년 낙찰받은 물건의 비용과 경매 처리 비용을 합하면, 최소 2억 8,000만 원 정도 들었다. 하지만 2019년의 시세는 고층 기준으로 2억 4,000만 원 정도로 떨어졌다. 이러한 예시는 무수히 많다. 이번 예시에서 볼 수 있듯이 경매로 낙찰받았다고 해서 모두 수익을 맛보는 것은 아니다.

경기도 평택시 서정리역 일대 부동산 매물 시세

물론, 이 지역 아파트들도 추후에 과다 공급이 해소되면 다시 상승할 수 있다. 평택시나 해당 단지가 좋지 않다는 뜻이 아니다. 오해하지 않기를 바란다. 이 아파트도 타이밍이 오면 다시 상승할 것이다. 내가 말하고 싶은 것은 투자 지역을 선정할 때, 숲을 먼저 보고 상승 시기인 정확한 타이밍에 투자하라는 것이다.

제이크의 One Point Lesson

경매는 좋은 투자 기술이다. 하지만 숲을 보는 법을 먼저 배워야 한다. 경매는 나무의 잎사귀 정도의 매수 기술이다. 다음 장부터 지구, 숲, 나무를 보는 법에 대해서 자세히 기술하려고 한다.

Chapter 2

지금 부동산 투자를 해도 될까?

(지구 살펴보기)

우리나라는 역사적으로 경제적 위기에 부딪쳤을 때마다 부동산 역시 흔들렸다. 반대로 안정적인 시기에는 부동산 매매는 장기적으로 우상향했다. 그렇다면 현재 상황에서 경제적으로 위기에 닥쳤는지 아닌지를 어떻게 파악할 수 있을까? 과연 지금 부동산 투자를 해도 될까? 이번에는 우주에서 지구를 바라보는 관점인, 경제 위기 관찰법에 관해 차근차근 살펴보려고 한다.

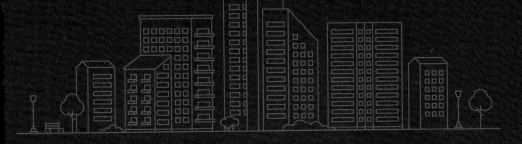

빅데이터 분석!
경제지표 10가지로 투자 시기 정하기

1. 사람들의 심리를 알 수 있는 변동성지수

지금이 불황일까? 사람들의 심리를 알 수 있는 전 세계적으로 유명한 변동성지수Volatility Index, VIX가 있다. 주식 시장에서 변동성이 클 것으로 예상되면 시장 참가자들의 공포가 커지며 불황의 시기로 볼 수 있다. 다음의 그림에서 볼 수 있듯이 경제적으로 위기일 때는, VIX 역시 높은 수치로 치솟았다.

> 변동성지수(VIX) = 불황지수 = 공포지수

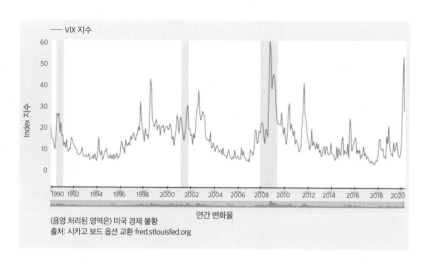

VIX 지수

우리나라는 1997년 외환 위기 때와 2008년 금융 위기 때 VIX 지수가 큰 폭으로 치솟았다. 특히 2008년 서브프라임 모기지 금융 위기 때는 이렇게 높은 공포지수가 꽤 오래 지속되었다. 그렇다면 지금 VIX 지수는 어떠한가? 코로나바이러스로 전 세계가 공포에 떨면서, 다시 급격하게 내려앉은 것을 확인할 수 있다. 지금은 이 지표가 하락했지만, 언제 어떻게 또 치솟을지 모르는 일이니 주기적으로 잘 확인해보자.

2. 전 세계 경기 상황을 알 수 있는 OECD, GDP 세계 경기선행지수

앞에서 살펴본 VIX는 현재 변동성에 관한 상황 지표다. 미래 경제 상황을 예측할 수 있는 지표는 없을까? 대개 많이 알려진 OECD 세계 경기선행지수Composite Leading Indicators Index, CLI와 GDP 연간 성장률을 확인하면 된다.

OECD 경기선행지수는 OECD 국가들의 주당 노동 시간, 신규 수주, 소비자 패턴, 주택 허가 건수, 주식 가격, 금리 스프레드 등을 포함한 10개의 선행 지표를 조합하여 전체 경제의 건강도를 측정한다. 이 지수는 경제 활동의 팽창과 둔화 사이의 전환점에 대한 조기 신호를 파악하도록 설계되어 있다.

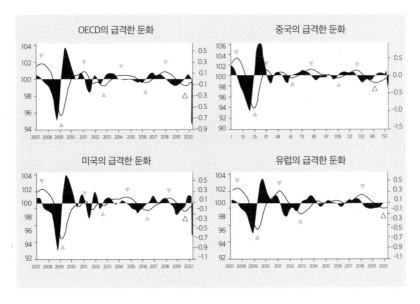

OECD 경기선행지수

매달 OECD에서 발표하는 보고서를 보면, 국가별로 경제 상황을 알 수 있다. 글로벌화 되면서 많은 국가들이 동조화되어 있어서 비슷한 양상을 보인다. OECD 국가들의 평균 경기선행지수를 보면 대략적인 전 세계 경제 상황을 가늠할 수 있다. 물론, 미국과 중국이 선도하고 OECD 평균 양상보다 3~6개월 선행하는 경우가 많다. 현재 전 세계적으로 경기 상황은 코로나바이러스의 여파로 안 좋은 것을 확인할 수 있다. 이런 상황에서 VIX 지수처럼 일시적일지, 지속될지는 꾸준히 지켜봐야 할 것이다.

다음으로 GDP 성장률도 경제 상황을 파악하기 위해 참고해서 볼 수 있다. 아래 IMF에서 발표한 한국 및 전 세계 GDP 성장률을 보면 마이너스에 있지만, VIX 지수와 마찬가지로 IMF에서는 가파른 상승을 예측하고 있다.

한국의 GDP 성장률을 자세히 보면 역시 1997년 외환 위기와 2008년 금융 위기 때, 크게 하락하는 것을 볼 수 있다. 그러므로 GDP 성장률도 OECD 경기선행지수와 같이 체크해야 할 지표다.

GDP 연간 성장률

다음의 GDPNow에서는 현재 GDP 연간 성장률 뿐만 아니라, 분기별로 체크해서 조금 더 밀착하여 관찰할 수 있다. 미국 애틀랜타 FED도 GDP 성장률이 지금은 마이너스지만, 점점 상승할 것으로 예측하고 있다.

GDP 분기별 성장률

이렇게 분기별로 GDP 성장률을 관찰하면서 계속 하락하는 등의 이상 신호를 살펴봐야 한다. 최소 분기에 한 번씩 이런 지표들을 관찰하자. 현재는 코로나바이러스로 인한 일시적 하락으로 보고 있지만, 이게 정말 맞는 전망인지, 추후에 어떻게 바뀌어 가는지 지켜봐야 할 것이다.

3. 대중들의 소비 심리를 알 수 있는 유동성지수와 소비지수

이번에는 조금 더 어렵지만, 경제에 직접적으로 영향을 미치는 금리와 소비지수를 살펴보겠다. 정부에서 금리를 낮추는 정책을 펼치면, 은행에서 금리를 낮추기 때문에 대출이 늘어나고, 돈이 시장에 많이 풀리게 된다. 돈을 풀면 유동성이 증가해서 대중들의 소비가 늘어난다. 유동성과 소비는 서로 상관관계에 있다. 그래서 금리를 낮춰서 유동성을 늘리면, 소비를 자극하여 경제가 살아날 수 있다.

그렇다면 금리는 왜 올릴까? 금리는 경기가 좋지 않을 때 내리기 위해서, 경제가 좋을 때 미리 올려놓는 것이다.

소비지수 중에 우리에게는 특히, 미국의 소비판매가 매우 중요하다. 미국의 소비지출이 증가하면 한국의 수출이 늘어나고, 그래야 대한민국 경제가 좋아지기 때문이다. 미국 소비지출이 늘어나면, 미국의 소매판매가 늘어날 것이다. 그렇게 되면 자연스럽게 미국의 산업생산이 증가할 것이고, 제조업 국가인 한국은 수출이 늘어나게 되어서 경제가 좋아질 것이다.

> 미국 소비지출 증가 ⇨ 미국 소비판매 증가 ⇨ 미국 산업생산 증가 ⇨ 한국 수출 증가 ⇨ 경제 ↑

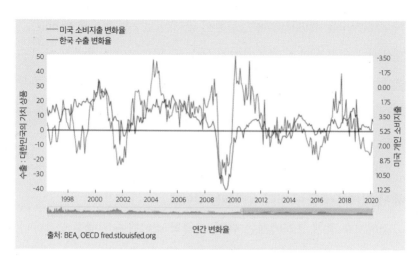

출처: BEA, OECD fred.stlouisfed.org

미국의 소비지출 변화율에 따른 한국의 수출 변화율

다시 한번 말하자면 한국은 제조업이 발달해 있기 때문에, 미국이 인프라 투자 등 산업 생산량이 증가되면 수출이 늘어난다. 이렇게 산업 생산량이 증가되려면 미국의 소비판매 및 소비지출이 늘어나야 한다. 지금은 코로나19로 인하여 미국의 소비지출이 하락할 것으로 보인다. 미국의 소비지출이 안 좋았을 때 한국 역시 경제가 어려웠다. 하지만 다행스러운 점은 전염병에 의한 특이한 현상으로 추후 급반등으로 회복할 것이라는 전망이 많다.

소비지출을 늘리기 위해서, 앞에서 언급한 유동성을 늘리는 작업을 전 세계 정부에서 실시하고 있다. 현재 시장의 유동성은 늘어나고 있을까? 아니면 줄어들고 있을까?

4. 지역별·시기별 금리 차이가 많이 난다면 이상 신호다! 위기를 감지하라

앞에서 살펴본 유동성과 관련이 높은 금리는 공부하기 조금 어려운 주제다. 금리는 사실 한국은행이 결정하는 것이 아니다. 글로벌 동조화로 인하여 각 국가의 중앙은행은 미국을 포함한 전 세계의 금리와 균형을 맞출 수밖에 없다. 그렇다면 금리와 연관된 어떤 지수들이 경제 위기를 나타내는지 알아보자. 먼저 많은 사람이 이야기하는 장단기 금리 차에 관해 살펴보자.

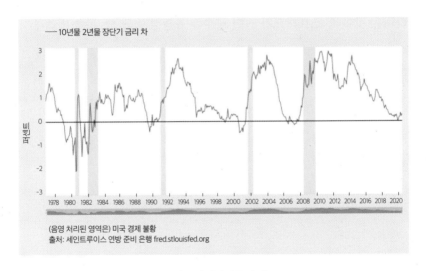

10년, 2년 장단기 금리 차

마찬가지로 FRED에서 데이터를 찾아볼 수 있다. 장단기 금리 차가 역전되고 어느 정도 시간이 흐른 뒤, 차트에 음영으로 처리된 것처럼 경제 위기가 왔다. 현재는 0퍼센트와 그다지 차이가 없지만 상승하고 있다. 마이너스에서 역전된 기간이 길지 않기 때문에 경제 위기가 온다고 단정 짓기 어렵다. 하지만, 역전된 상황이 6개월 이상 지속된다면 긴장하고 조심해야 할 상황이라고 볼 수 있다.

그다음 살펴볼 수 있는 것이, 금융의 중심 도시인 런던과 미국의 금리 차이다. 미국국채T-bills 수익률과, 런던은행 간 금리인 리보LIBOR의 차이를 뜻한다. 이 금리 차는 FRED에서 TED 스프레드라고 하는데, 기본적으로 금리 차이가 많이 나지 않는 것이 정상이다. 왜냐하면 이 수치는 은행들이 다른 은행에 돈을 빌려주려는 의향이 얼마나 있는지를 나타내는 것인데, 스프레드가 크면 클수록 유동성 공급 즉, 돈을 빌려주기 어렵다는 것을 뜻하기 때문이다. 금리 차이가 많이 치솟은 다음에는 보통 다음과 같은 경제 위기가 왔다. 물론, 이 지표가 모든 경제 위기를 다 잡아내지는 못하지만 적어도 경제 위기 종류 중에 몇 가지는 잡아내기 때문에, 꼭 살펴봐야 할 지표 중에 하나다. 현재는 코로나19로 인해 잠깐 올라가다 다시 내려가는 추세에 있다.

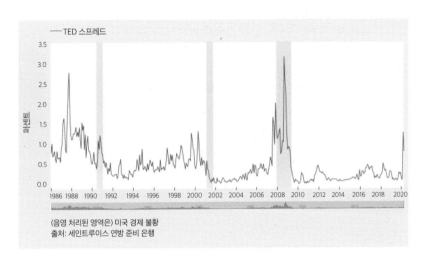

TED 스프레드

추가적으로 회사채를 살펴볼 수 있다. 은행에서도 경제 상황을 면밀하게 분석하고 대처한다. 은행에서 회사에 대출을 해줄 때, A등급 이상의 회사는 신뢰도가 높고 안정적이기 때문에 당연히 낮은 이율로 잘 빌빌려주지만, B등급 이하는 세심히 살펴본다. 그런데 경제 상황이 나빠진다면 은행의 이율이 올라갈 것이고, 그렇게 되면 회사채 이율 역시 비정상적으로 치솟을 것이다.

다음은 BBB등급 회사채 이율을 나타낸 차트다. 위기가 오면 치솟으므로, 지표 중 한 가지라고 할 수 있겠다. 이 지표도 TED 스프레드와 비슷하게 잠시 오르다가 다시 내려가고 있다.

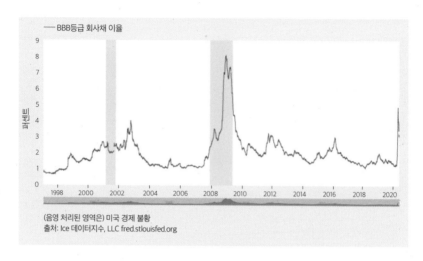

BBB등급 회사채 이율

5. 실물 자산에 투자하기 전에 꼭 확인해야 할 것

우리는 실물 자산에 투자하는 투자자들을 보고 인플레이션에 베팅했다고 한다. 그렇다면 실제 인플레이션이 활성화 중이라면, 물가가 상승해야 한다. 인플레이션이라고 가정해서 베팅을 해놓고 실제로 가정이 맞는지 틀린지 확인도 안 한다면 너무 안일한 행동이 아닐까? 현재 물가가 상승 중인지 하락 중인지 한 번 살펴보자.

4차 산업혁명이라고 하지만 아직까지 원유만큼 효율이 좋은, 대체할 수 있는 에너지원은 없다. 자동차와 공장 등 많은 것들의 에너지 근원인 원유 가격이 곧 물가다. 다음의 FRED 그래프를 보면, 원유 가격과 생산자지수, 소비자지수가 모두 연동되어 있는 것을 알 수 있다. 음영 처리된 부분은 경제 위기 시기 별로 원유 가격이 급락하고 생산자지수와 소비자지수가 함께 하락하는 것을 볼 수 있다.

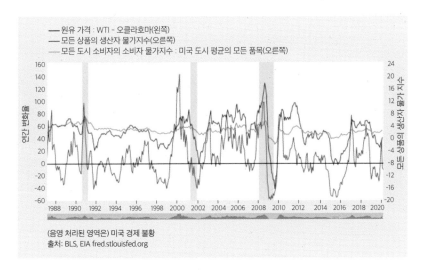

원유 가격지수-생산자지수-소비자지수

원유 가격이 곧 물가이기 때문에 잘 살펴야 한다. 또한 원유 가격은 세계의 주가와 한국의 수출과도 밀접하게 관련되어 있다. 다음의 그림에서도 상관 관계를 볼 수 있다. 여러 번 말했듯이, 우리나라의 수출 현황을 제대로 분석하려면 원유 가격을 모니터링해야 한다. 현재 사우디아라비아, 러시아, 미국 등 중동 분쟁으로 원유 가격이 좋지 못하나 이는 모두를 위해서 오래 가지 않을 상황이다.

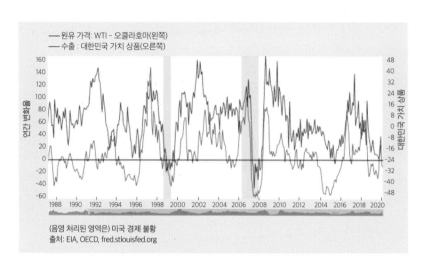

원유 가격 증감률-한국 수출 증감률

결국 세계 강대국인 미국은 금리와 원유 가격을 조정해서 물가를 조절할 수 있다. 트럼프는 유가를 하락시켜서 물가를 낮추고 나서, 다시 금리를 하락시킨 후 유동성을 풀 것이다. 그리고 나서 원유 가격도 어느 정도 정상 궤도로 유지하면서 경기 부양을 하려고 할 것이다. 이렇게 재선의 큰 뜻을 품고 있는 것은 아닐지 합리적인 의심을 해본다. 따라서 물가와 연동된 경제 상황을 체크하기 위해서 원유 가격을 살펴보는 것은 필수다.

원유 가격과 비슷한 역할을 하는 것이 하나 더 있다. 런던금속거래소 지수London Metal Exchange Index, LME 지수라고 원유와 같이 신흥 국가들의 경기와 연동된다. LME 지수는 원유 가격과 함께 추가적으로 물가를 확인할 수 있는 지표다. 앞에서 확인한 물가와 직접적으로 연관된 소비자지수의 대부분이 주택과 관련되어 있다. 결국, 물가가 오르고 소비자지수가 오르면 주택 가격도 상승할 수밖에 없다. 이 부분은 주택이 실물자산으로 물가 상승률만큼 상승한다는 말과 일맥상통한다.

소비자지수는 미국 등 세계에서 2퍼센트를 목표로 물가, 원가, 금리 등을 조절하고 있다. 자본주의 사회에서 실제로 매년 물가 상승률이 2퍼센트대에서 오르락내리락한다. 다음 그래프에 나타난 것처럼 변동의 폭이 클 때, 세계에서 목표로 발표한 것과 다르게 비이상적으로 치솟거나 급락하면 경제 위기에 닥친다.

그래서 앞에서 언급한 원유 가격과 소비자가격지수를 관찰한다면 경제 위기에 대한 판단을 할 수 있다. 다만, 최근에 발생한 코로나19로 인한 현상과 미국의 트럼프 대통령 재선 등 정치적 이슈 때문에 일시적으로 지표가 안 좋은지, 계속 유지될 것인지 꾸준히 모니터링하고 분석해서 잘 판단해야 할 것이다.

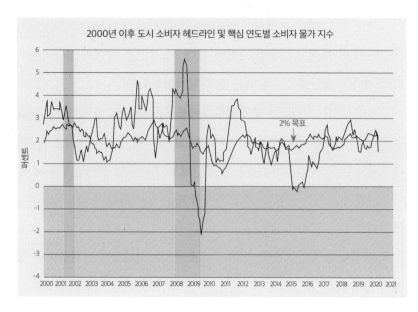

소비자가격지수

　각 국가의 정부에서 물가 상승률을 2퍼센트로 유지하기 위해서 노력한다. 이것에서도 볼 수 있듯이 자본주의 사회에서 인플레이션은 어찌보면 당연한 이치가 아닐까 싶다.

　인플레이션이라서 물가가 상승하는 것은 좋은데, 그렇다면 자본주의는 마냥 행복한가? 그렇지 않다. 인플레이션이 지속되고, 진폭이 크게되면, 버블이 생기기 마련이고, 버블이 터지면 그것이 곧 경제 위기이다. 그래서 우리는 부채 또한 중요한 지표로 확인해야 한다.

부채 즉, 빚을 확인하려면 CDO[1]와 CLO[2]를 비교해서 볼 수 있다.

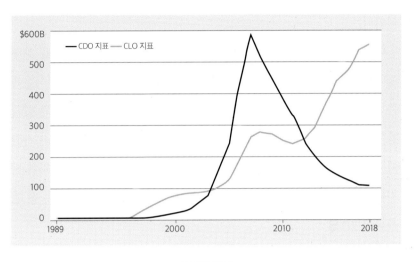

CDO와 CLO

부채Debt와 대출Loan의 차이가 무엇일까? 기본적으로 둘 다 대출자에게 상환되어야 하는 것으로 동일하지만 차이점이 있다. 개인이 개인 또는 비즈니스 요구 사항을 충족시키기 위해 자금 대출 기관, 금융 기관, 은행에서 돈을 빌릴 때는 '대출'이라고 한다. 회사에서 사업을 확장하기 위해 돈을 빌릴 때, 은행에서 돈을 포함해 채권, 사채 등을 선택할 수 있

1　부채담보부증권Collateralized Debt Obligation, CDO
　　회사채나 대출채권 등 기업의 채무를 기초자산으로 하여 유동화증권을 발행하는 금융기법의 한 종류.

2　대출채권담보부증권Collateralized Loan Obligation, CLO
　　주로 신용등급이 낮고 재무적으로 취약한 기업에 대한 은행 대출을 모집해서 이를 담보로 하는 수익증권을 발행해 투자자에게 판매하는 파생 상품.

다. 이때 채권을 발행하여 돈을 빌리는 것을 '부채'라고 한다. CDO는 부채를 담보로 한 증권으로 대출, 금융기관 채권, 회사채 등을 다루는 상품이다.

따라서 투자은행_{IB}의 미국 부동산 수익이 높을 때, 많은 수익을 창출할 수 있지만 주택의 경기가 침체되면 연체율이 높아져서 금융시장에 큰 타격을 입히게 되는 상품이다. 2006년 미국 등에서 1조 달러가 발행될 정도로 큰 인기를 얻었지만 서브프라임 모기지 사건 이후 채권 가격이 폭락하면서 주요 금융회사 등 투자자들이 큰 손해를 입었다. 외환 위기와 같이 금융 위기의 아픔이 있었기 때문에, 현재 CDO 지표는 잘 관리되고 있다.

하지만 진짜 문제는 CLO이다. CLO는 중견, 중소기업들에 대한 은행의 대출채권을 묶어 이를 담보로 발행하는 채권이다. 대출채권에는 신용등급 BBB 이하 기업의 대출채권이 다수 들어가야 한다. CLO는 대출을 받고자 하는 기업의 대출채권을 담보로 한 것인데, 이 수치가 만만치 않게 상승 중이다.

지난 금융 위기 때 CDO 버블이 터졌었는데, 다음 위기 때는 CLO 버블이 터질 가능성이 크다. 자본주의 사회에서 버블은 반드시 터진다! 다만, 그 버블이 언제 터질지는 아무도 모르며, 터지기 직전까지 불장처럼 활활 타오를 것이다. 그나마 그 위험도를 조금이나마 파악할 수 있는 CDS라는 신용 파산 스와프라는 지표가 있다. 이 지표는 금융 시장에서 신용을 이용한 파생상품들이 많은데, 이러한 금융파생 보험 거래를 말한다. 즉, 일정 부분 수수료를 내고 보험을 드는 것이다.

만약에 경기가 좋지 않으면 돈을 빌린 기업이 사업에 실패해서 돈을 갚지 못할 확률이 상승한다. 특히 이런 기업과 같이 위험을 안고, 일정한 금액의 수수료를 얻으려는 금융업체들은 CDS 거래를 이전보다 꺼릴 것이다. 즉, 기업의 위험이 증가할수록 CDS 프리미엄은 상승하게 된다. 이렇게 CDS 프리미엄이 증가할수록 경제가 좋지 않은 것으로 판단되므로 이 지표도 유의 깊게 관찰해야 한다. CDS 지표도 대부분의 나라가 코로나19 이슈로 잠시 상승했다가 다시 내려온 상태다. 하지만, 이탈리아 등 경제 상황이 심각한 나라의 CDS는 다시 상승할 수 있으니 유심히 지켜봐야 한다.

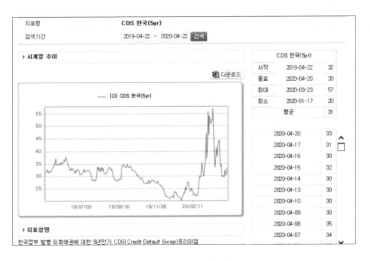

국제금융센터 CDS 지표 추이

6. 경제 상황을 알고 싶다면 달러-원 환율을 주목하라

글로벌 시대에 전 세계는 모두 연동되어 있다. 세계 기축 통화인 달러와의 환율을 보면 그 국가의 경제 상황을 알 수 있다. 예를 들어 달러 가치가 상승하면 신흥국들의 화폐 가치가 하락하기 때문에, 외국인 자본이 빠져나간다. 그로 인하여 주가는 폭락하고 나라 경제가 망가진다. 그 사이 국가에서 주는 마진이 있어서 버퍼 역할을 하지만, 달러-원 환율이 급등하면 경제 위기임을 감지해야 한다. 아래 그림에서 볼 수 있듯이 1997년 외환 위기와 2008년 금융 위기 때 달러-원 환율은 급등했었다. 만약 이 지표가 막 오르기 시작한다면, 대비를 시작해야 한다.

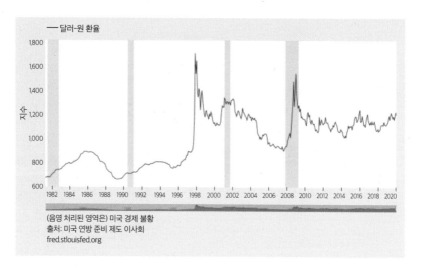

달러-원 환율

달러-원 환율만 보면 미국과 한국의 관계를 보는 것인데, 한 단계 더 나아가서 달러와 전 세계 통화를 비교하여 달러 자체의 가치를 볼 수 있는 달러 인덱스도 있다. 이 지표도 같이 본다면 좀 더 넓은 관점에서 달러의 가치를 관찰할 수 있다.

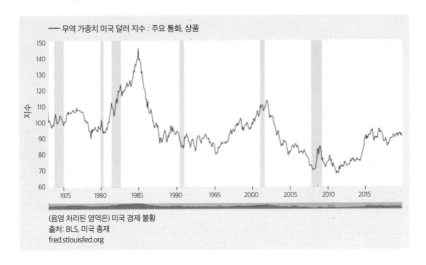

달러 인덱스

금리와 같이 예측하기 가장 어렵다고 하는 것이 환율이다. 환율은 예측하기보다 대처를 잘하기 위해 경제 위기를 관찰하는 지표 중 한 가지로 봐야 한다. 환율이 많이 올랐을 때는 국가의 경제가 망가지므로 주식이든 부동산이든 조심해야 된다. 반대로 약 달러로 돌아서면 미국이 경기 부양으로 돌아섰다는 것이므로 환율도 꾸준히 잘 지켜보아야 한다. 앞에서 살펴본 경기와 연동된 생산자물가지수는 환율과 반대로 움직이는 것을 볼 수 있으며, 환율이 내려갈 때 약 달러로 생산자물가지수가 좋아질 수 있다.

결국, 달러의 가치가 약해지고 돈이 풀리면 생산자물가지수가 올라가고 경기가 좋아질 수 있을 것이다. 각국의 정상들은 이러한 이치를 잘 알고 있다. 다만 어느 국가가 조금 더 양보를 할지, 각국의 이익을 위해 다투는 중이다. 더 늦기 전에 전 세계가 서로 조금씩 양보하면서 세계 경제를 잘 이끌어 나갔으면 좋겠다.

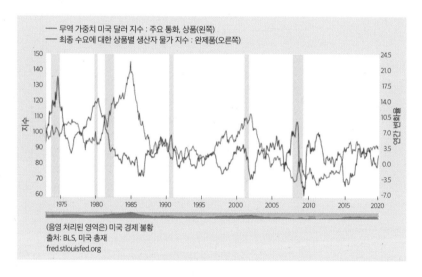

달러 인덱스와 생산자물가지수

7. 경제 위기를 감지하려면 한국의 외환보유액을 관찰해보자!

IMF와 같은 외환 경제 위기를 관찰하기 위해서 확인해야 할 것은 외환보유액이다. 다음과 같이 한국은행 경제통계시스템에서 데이터를 볼 수 있다. 특히 달러가 급작스럽게 많이 유출되면 한국 경제가 망가지므로 외환보유액 역시 중요하게 관찰해야 하는 지표 중 한 가지다. 꼭 살펴보도록 하자.

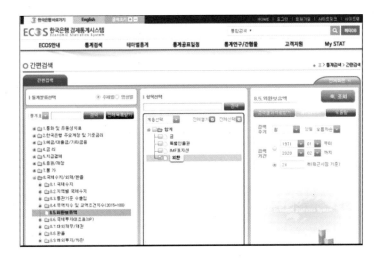

한국은행 경제통계시스템 외환보유액

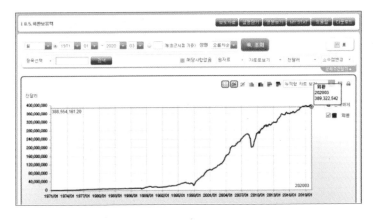

대한민국 외환보유액 차트

과거의 아픔이 있기에 한국은 외환보유액을 철저히 관리한다. 현재 대한민국의 외환보유액은 꾸준히 늘어나고 있어서 긍정적이지만, 달러의 급작스러운 유출이 시작되면 빠르게 빠져나가기 때문에 잘 지켜봐야 한다. 달러 자산의 유출은 한순간이니 방심하지 말아야 한다.

8. 수출 현황을 알 수 있는 제조업 구매관리지수

우리나라는 제조업 국가다. 제조업 구매관리지수Purchasing Managers' Index-Manufacturing, 이하 PMI로 표기를 대한민국은 물론이고, 연결고리인 중국과 소비국가 미국, 신흥국가 등 모두 확인해야 한다. 앞에서 살펴본 유동성 지수와 소비지수가 증가하면 당연히 제조업들이 살아난다. 돈을 풀어서 늘어난 소비로 인하여 산업 생산에 영향을 미치는 것이다. 이렇게 제조업들의 현황을 살펴볼 수 있는 지수가 PMI다. 매달 JP모건에서 전 세계 국가들의 PMI를 혼합 환산하여 글로벌 PMI를 발표하는데, 50선을 기준으로 아래는 경기가 안 좋은 상황이고, 50 이상이면 좋다. 최근 글로벌 PMI는 50 아래까지 갔다가, 반등하려고 하는 모습을 보이다가 코로나19로 전 세계 공장들이 멈추면서 급락했다. 주요 국가인 미국과 중국, 그리고 한국을 따로 살펴볼 수도 있다.

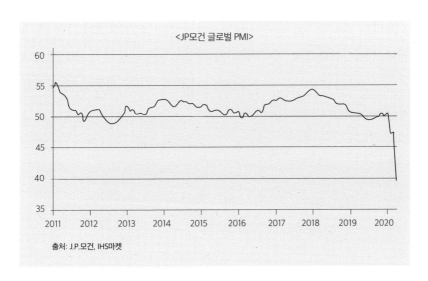

출처: J.P.모건, IHS마켓

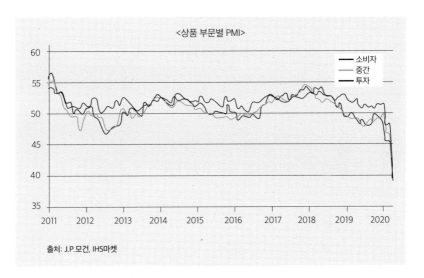

출처: J.P.모건, IHS마켓

JP모건 글로벌 PMI

소비국가인 미국은 한국의 수출과도 관련이 높기 때문에 미국 PMI, 미국 소비자신뢰지수, 미국 주택 가격지수 등을 유심히 살펴볼 필요가 있다. 또한, 물류량은 한국 수출량과 직접적으로 연관되기도 한다. 우선 미국의 PMI를 살펴보자.

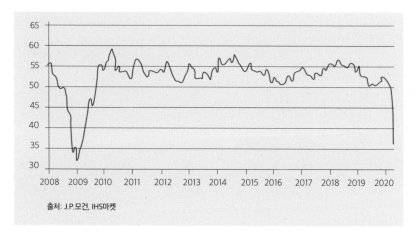

출처: J.P.모건, IHS마켓

미국 제조업 PMI

역시 코로나19로 셧다운을 실시한 나머지 미국도 당연히 PMI가 많이 빠졌다. 하지만 코로나19의 발생지였던 중국의 PMI를 선행지표로 본다면, 바로 회복의 국면에 들어섰다. 이는 공장들이 경제 위기 때문에 셧다운이 된 것이 아니고, 전염병으로 인해서 정부 정책상 잠시 동안만 발생한 셧다운 지표라서 그렇다.

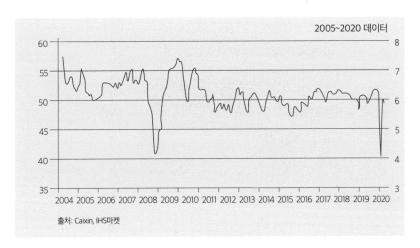

Caixin 중국 제조업 PMI

중국 Caixin 제조업 PMI는 중국 소비관련변수와 상관성이 높은 지수다. 중국 NBS 제조업 PMI도 있는데 이 지표는 GDP 기여 비중이 큰 3,000곳 12지표를 환산하여 만든다.

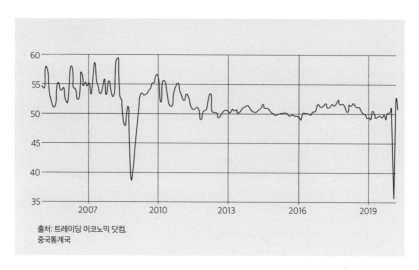

출처: 트레이딩 이코노믹 닷컴,
중국통계국

중국 NBS 제조업 PMI

OEM 제품 방식의 연결 고리에 있는 중국은 코로나19의 발생지로 제조업 PMI에서 급락은 있었지만, 금방 회복했다. 이후에 전파된 다른 국가들 역시 빠르게 회복하지 않을까 조심스럽게 예측해본다. 한국 제조업 PMI와 한국은행에서 발표하는 기업경기실사지수Business Survey Index, BSI[3] 및 경제심리지수Economic Sentiment Index, ESI[4]를 보면 역시 반응이 느리다. 혹자는 미국과 중국의 지수들이 한국에 3~6개월 선행한다고

---

3   기업경기실사지수: Business Survey Index, BSI는 기업체가 느끼는 체감경기를 나타내며 100을 기준으로 이보다 낮으면 경기악화를 예상하는 기업이 호전될 것으로 보는 기업보다 많음을 의미하고, 100보다 높으면 경기호전을 예상하는 기업이 더 많다는 것을 뜻한다.

4   경제심리지수: Economic Sentiment Index, ESI는 기업과 소비자 모두를 포함해 민간이 경제 상황에 대해 어떻게 생각하는지를 종합적으로 파악하는 지표. 경제와 관련된 일종의 성적표라고 할 수 있는 셈이다. 기업경기실사지수(BSI)와 소비자동향지수(CSI)를 합산한 종합심리지수이다. 경제심리지수는 100을 기준으로 하는 '상대 지수'이다. 100보다 높으면 소비자와 기업이 경제 상황을 이전보다 나아졌다고, 낮으면 그렇지 않다고 여긴다는 뜻이다.

한다. 소비국가인 미국과 제조업의 연결고리 중국의 지수들이 좋아지면, 제조업을 해서 수출로 먹고사는 대한민국은 물류량이 늘어나고, 경기가 살아나기까지 걸리는 시간일 것이다. 한국 지표들은 아직 반등을 시작했다고 보기 힘든데, 앞으로 어떻게 될지 지켜본다면 흥미로울 것이다.

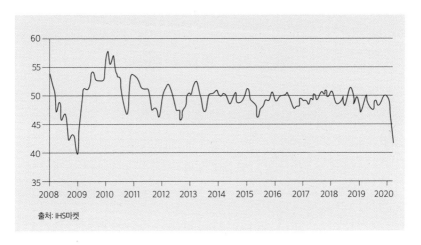

출처: IHS마켓

한국 제조업 PMI

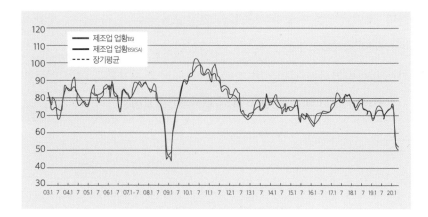

한국 제조업 업황 기업경기실사지수(BSI)

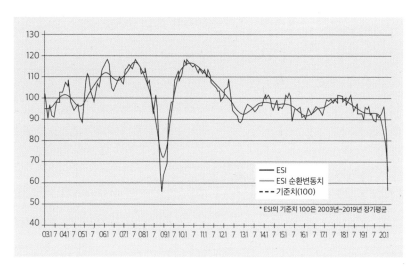

한국 경제심리지수(ESI)

한국은행에서 매달 발표하는 기업경기실사지수BSI 및 경제심리지수 ESI는 좋지 않다. 하지만 앞에서 언급한 것처럼 미국과 중국의 제조업

PMI 지표들이 좋아진다면 수출국가인 대한민국의 경기는 자연스럽게 좋아지지 않을까?

9. 실제 산업의 현황을 파악하기 위해 확인해야 할 5가지

우리나라 아파트는 반도체, 자동차와 같은 상품이다. 해외의 경우 집을 공실로 몇 주에서 몇 달 동안 내놓아야 팔리지만, 한국의 아파트는 하나의 상품처럼 하루 만에 팔리기도 한다. 한국의 제조업 PMI는 앞에서 다루었지만, 대한민국의 척추인 제조업을 더욱 상세히 분석하기 위해서는 재고율지수를 살펴보아야 한다. 솔직히 고용률과 실업률은 국가에서 공무원 자리를 늘려서 표면상 좋은 수치로 나타낼 수도 있다. 실제 산업의 현황을 자세히 보려면 재고율과 공장 평균 가동률을 먼저 확인해야 한다. 이 데이터는 한국은행 경제통계시스템에서 볼 수 있으며, 현재 제조업 재고가 많이 쌓여 있어서 평균 가동률이 낮아지고 있다.

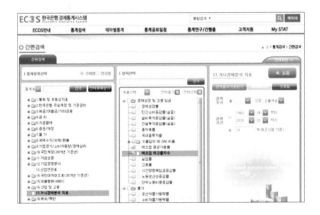

한국은행 경제통계시스템 제조업 평균가동률 및 재고율지수

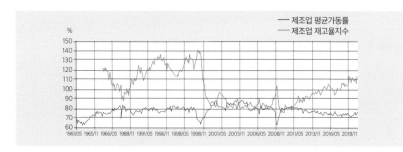

한국은행 경제통계시스템 제조업 평균가동률 및 재고율지수

　현재 한국의 제조업은 지표상 좋지 않은 것이 사실이다. 재고율이 늘어나고 있으며, 공장 평균 가동률이 조금씩 감소하고 있다. 평균 가동률이 급감하거나 재고율이 급증하면 위험 신호로 받아들여야 한다. 외환 위기와 금융 위기 때 역시 재고율은 급등하고, 가동률은 급락했다. 국가마다 높은 위치에 있는 경제 책임자들은 경기가 좋지 않다고 발표를 하기 어렵다. 그래서 표면상의 고용 지표를 가지고 우리 경제 튼실하다. 걱정 말라고 발표한다. 하지만, 실제로 그런지 객관적인 지표를 가지고 스스로 판단해보자.

　제조업 재고율과 연관된 것은 한국의 수출량, 즉 '물류'다. 재고가 소진되고 제조업 평균가동률이 올라가면, 한국의 수출량 물류 카고 선적 수량이 늘어날 것이다. 물류는 다음의 FRED 그래프로 확인할 수 있다. 만약 이 물류 지표가 급격히 떨어지고, 제조업 재고율이 높아지며 평균 가동률이 줄어든다면 경제 상황이 좋지 않을 것이다. 물류량도 코로나 19 사태로 인하여 어떻게 변하는지 잘 살펴봐야 한다.

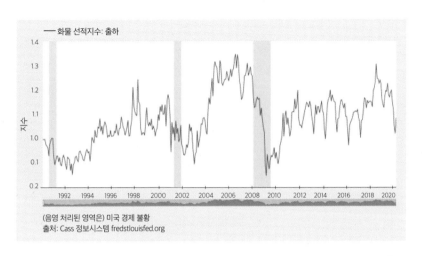

물류량을 나타내는 화물 선적지수

한국의 제조업의 주류인 반도체를 보는 것도 하나의 직접적인 지표가 될 수 있다. 반도체지수는 필라델피아 반도체지수Philadelphia Semiconductor Index, SOX로, Investing.com에서 확인할 수 있다. 4차 산업혁명 시대에 경기는 제조업지수와 반도체지수와 동행하는 것을 알 수 있다. 세계 3대 반도체 회사 중 2개가 대한민국에 있다. 미국의 마이크론 테크놀로지, 대한민국에 삼성전자와 SK 하이닉스가 있다. 작은 영토에 세계적인 반도체 기업이 둘이나 있다니 자랑스럽다. 그러므로 세계의 경제는 물론, 한국의 경제에 직격타를 줄 수 있는 것이 반도체이다. 우리나라 경제를 보기 위해서 특히, 반도체지수를 관찰해야 한다. 반도체지수는 현재 코로나19로 약간 조정을 받았지만, 다시 회복하는 추세에 있다.

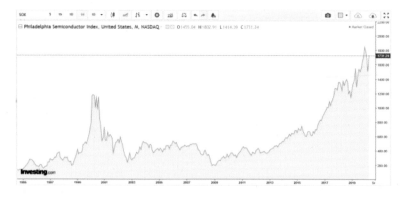

반도체 지수 SOX

그다음 살펴볼 것은 실업률과 시간당 임금 지표다. 다음 그래프를 보면 음영 처리된 경제가 무너지는 시점은 실업률이 증가하고, 시간당 임금이 줄어드는 시기였다. 당연한 이야기겠지만 경제가 좋지 않으면, 고용이 줄어들고, 실업이 늘어나며, 임금도 줄어든다. 그러므로 이 지표들을 살펴보면 위기를 감지할 수 있다.

한 가지 아이러니한 사실이 있다. 실업률이 계속 줄어들고, 시간당 임금이 늘어나다가 대부분 최고 좋은 지표 바로 뒤에 경제 위기가 왔었다. 현재는 코로나19 사태로 인해 실업률이 증가하는 추세로 전환했는데, 이것이 일시적일지 지속적일지는 계속 모니터링해서 판단해야 할 것이다.

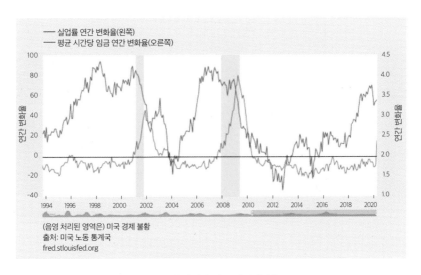

실업률과 시간당 임금 연간변화율

그렇다면 시간당 임금 지표와 관련된 전 세계 산업들의 공장가동률을 생각해볼 수 있다. FRED에서는 산업생산능력이용률(공장가동률) 또한 데이터로 관찰할 수 있다. 이 지표는 역시 평균 시간당 임금과 같이 움직인다. 특히 두 지표가 같이 많이 빠질 때 어김없이 경제 위기가 왔었다. 두 지표가 동시에 갑자기 폭락하기 시작한다면 정말 자세히 살펴보고 조심해야 한다. 현재 상황은 공장가동률은 하락하고 있지만, 다행스럽게 시간당 임금은 아직 유지하고 있다.

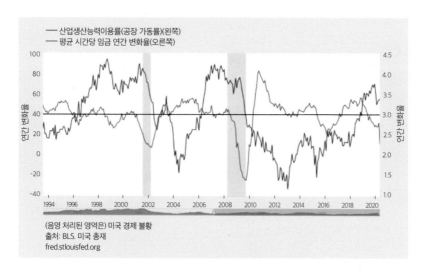

(음영 처리된 영역은) 미국 경제 불황
출처: BLS. 미국 총재
fred.stlouisfed.org

시간당 임금과 산업생산능력이용률(공장가동률)

10. 모건스탠리 신흥국지수(MSCI 지표)

모건스탠리 신흥국지수Morgan Stanley Capital International, MSCI에서는 전 세계 국가들의 주식 시장 등을 참고해서 23개의 성장된 국가들과 26개의 신흥국들로 나누어서 지표를 발표하고 있다. 이미 성장을 많이 한 국가들은 체력이 튼실한 것도 있고, 조금씩 성장하는 것도 있어서 지표들을 감지하기가 어려운 면이 있다. 그에 반해, 신흥국들의 지표들은 경기가 조금만 나빠져도 표시가 크게 나타나므로 감지하기 쉽다.

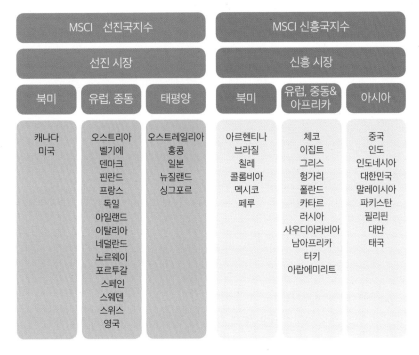

MSCI 선진국+신흥국 지수

MSCI 선진국지수			MSCI 신흥국지수		
선진 시장			신흥 시장		
북미	유럽, 중동	태평양	북미	유럽, 중동&아프리카	아시아
캐나다 미국	오스트리아 벨기에 덴마크 핀란드 프랑스 독일 아일랜드 이탈리아 네덜란드 노르웨이 포르투갈 스페인 스웨덴 스위스 영국	오스트레일리아 홍콩 일본 뉴질랜드 싱그포르	아르헨티나 브라질 칠레 콜롬비아 멕시코 페루	체코 이집트 그리스 헝가리 폴란드 카타르 러시아 사우디아라비아 남아프리카 터키 아랍에미리트	중국 인도 인도네시아 대한민국 말레이시아 파키스탄 필리핀 대만 태국

모건스탠리 지수 시장 구분

다음 그림에서 모든 국가들의 지표MSCI ACWI보다 신흥국가들의 지표 MSCI Emerging Markets가 훨씬 등락이 심하다. 두 지표 모두 위기 때마다 급락을 했으며, 신흥국 지수는 폭락한 수준이다. 그러므로 우리는 이렇게 민감한 신흥국 지수를 면밀하게 관찰해야 한다. 현재 위치는 코로나19 사태 때문에 충격은 있지만, 금융 위기 때처럼 엄청난 폭락이 아니여서 빠르게 회복하고 있다.

MSCI 누적 지수 실적-순수익(미국 달러)

2005년 3월~2020년 3월

— MSCI ACWI: 신흥국과 선진국 모두
— MSCI World: 선진국지수
— MSCI Emerging Markets: 신흥국지수

221.49
217.94
214.74

모건스탠리 지수

이렇게 모건스탠리 지수까지 경제 위기를 관찰할 수 있는 10가지 지표들을 살펴보았다. 다음의 경제 위기 점검표를 보고, 현재 시장이 어느 정도 위치에 있는지 확인해보자.

제이크의 One Point Lesson

철저한 경제 분석을 통해, 현재 경제 상황을 파악하고 항상 위기를 관찰하자! 다음의 표를 참고해서 작성해보자. 경제 위기 발생 상황이 50% 이상 발현된다면, 대비해야 할 것이다. 위기상황 발생을 -1점으로, 애매한 것은 0점, 좋은 지표는 +1점으로 해서 점수표를 만들어 볼 수 있다. 이 총합 점수가 마이너스로 가게 된다면, 경제 위기가 발생한 것으로 보자.

	제이크 경제 위기 관찰 지표	경제 위기 발생 상황	체크 (예시)	점수 (예시)
1	VIX 지수 (변동성=불황=공포지수)	급등 후 지속	▲	0
2	OECD, GDP 세계 경기선행지수	급락	O	-1
3	소비지수	급락	▲	0
4	10년, 2년 장단기 금리 차 TED 스프레드 / BBB등급 회사채 이율	급락 후 역전 6개월 지속 급등 / 급등	X X / X	+1 +1 / +1
5	물가 (유가) 부채 (CDS)	급락 급등	O X	-1 +1
6	달러-원 환율	급등	X	+1
7	외환보유액	급락	X	+1
8	글로벌 제조업 PMI 지수	급락	O	-1
9	제조업 재고율 / 공장 평균 가동률 물류량 / 반도체 실업률 / 시간당임금	급등 / 급락 급락 / 급락 급등 / 급락	▲ / O X / X O / X	0 / -1 +1 / +1 -1 / +1
10	MSCI 모건스탠리 신흥국지수	급락	O	-1
총합				+3

정부의 규제책으로 정할 수 없는
수도권의 주택 가격

서울, 경기 등 수도권 주택 가격은 정부의 의지에 따라서 좌지우지될까? 그렇지 않다. 그렇게 쉽게 될 수 있다면, 정부는 대책 하나로 주택 가격을 컨트롤할 수 있을 것이다. 수도권 주택 가격은 미국, 유럽 등 글로벌 주택 가격들과 동조화되어 있다.

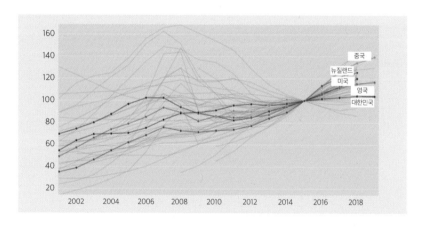

OECD 글로벌 주택 가격 지수 비교

주택 가격뿐만 아니라, 주식 시장도 다른 나라들과 연관되어 있다. 이러한 현상은 왜 일어날까? 글로벌 시대에 경제와 화폐가 달러로 연결되어 있고, 그로 인하여 유동성도 함께 영향을 받는 것이다.

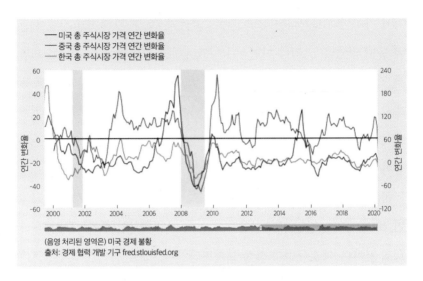

미국·중국·한국 주식 가격지수 비교

결국, 인플레이션 시대에 실물자산인 주택 가격은 유동성 즉, 통화량과 밀접한 관련이 있다. 지난 과거 1차, 2차, 3차에 걸쳐서 양적완화가 일어났었다. 경기침체 끝에 금리 인하로 늘어난 시중의 풍부한 유동자금이 자산시장으로 유입되는 유동성 장세를 지나, 국내총생산GDP 규모의 상승분을 초과한 화폐 공급으로 하여서 자산가격 상승하는 초과 유동성 장세를 지났다. 엄청난 양의 화폐가 시중에 풀린 것이다.

그런데 현재 경기가 다시 좋지 않기 때문에 현대통화이론인Modern

Monetary Theory, MMT까지 나오게 되었다. 이 이론은 정부가 경기 부양을 위해 화폐를 계속 발행해야 한다는 주장이다. 이미 선을 넘어서 어마어마한 4차 양적완화가 시작되었다. 그동안의 양적완화는 돈을 풀어도 그 돈들이 국채와 같은 금융시장과 담보·채권과 같은 자산 시장으로 들어가서 가파르게 실감나는 물가상승은 없었다. 즉, 돈을 풀어도 시중에 돈이 돌지 않았다. 그러나 이번 4차 양적완화는 진짜 소비를 늘리기 위해서, 직접적으로 실물 경제에 어마어마한 양을 투입한다고 한다. 쉽게 말해서 과거에는 금융 자산 또는 부동산 자산으로 재벌이 된 사람이 있어도, 그 사람이 하루에 3끼 이상 먹는 것이 아니기 때문에, 실제 경기가 좋아지는 효과가 미미했다.

하지만 이렇게 직접적으로 돈을 시장에 살포해서 실물 경기를 살리면, 화폐 가치는 급감하고 실물 자산들의 인플레이션의 가속도는 더 거세질 것이다. 제로금리가 점점 고착화되가니, 이제 신뉴딜정책인 MMT로 시장에 직접 살포하는 것이다. 무섭지 않은가?

이러한 엄청난 유동성 통화량 증가에 따라, 화폐 가치는 점점 더 빠르게 하락할 것이고, 자산 가격은 점점 더 빠르게 상승할 것이다. 자본주의라는 닫힌계 구조에서 인플레이션이 될 수밖에 없다. 미국은 부채가 많다. 제로금리로 이율을 낮추고, 엄청난 화폐가치 하락으로 인해 부채를 탕감하려는 속셈도 눈에 보인다. 우리 모두 긴장하고 대비를 시작하자! 화폐를 가만히 들고 있으면, 계속 손해를 보고 있다는 생각을 해야 한다. 게다가 코로나19라는 이슈로 돈을 찍어 내는 명분을 내세워 무제한 양적완화를 하고 있다.

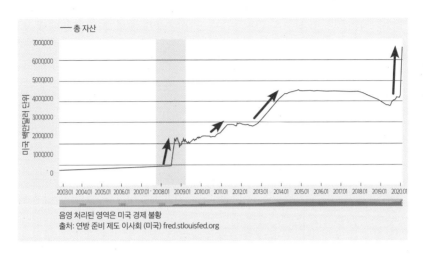

제4차 양적완화 진행 중

앞에서 살펴보았듯이 글로벌 동조화로 대한민국의 금리도 세계의 추세를 거스를 수 없다. 결국 미국이 금리는 낮추면, 우리나라도 금리를 낮춰야 하는 실정이다. 미국의 금리 인하는 전 세계적으로 마이너스 금리 추세를 만들고 있다. 그렇다면 우리나라의 실질 금리와 물가와 부동산 가격의 상관관계는 어떻게 될까?

다음의 그래프는 '실질금리 – 소비자물가지수'를 나타낸 것이다. 이 지표가 마이너스를 가리킬 때는, 실질 금리가 소비자물가지수보다 더 낮을 때다. 예를 들면, 실질 금리가 연 1퍼센트이고, 연간 소비자물가 상승률이 2퍼센트라고 하면, 1퍼센트대의 이자를 받고 예금을 하느니, 자산에 투자하면 최소 물가 상승률만큼 오르기 때문에 위험 자산을 선호하는 시기라고 할 수 있다. 실제로 이 시기에 부동산 자산은 크게 상승했다. 2009년부터는 지방의 상승이, 2013년부터는 서울 위주의 수도권 상승이 있었다. 2020년에 다시 이 지표가 내려가기 시작하는데, 아직 덜 오른 수도권과 지방이 다시 상승 사이클을 탈 것이다.

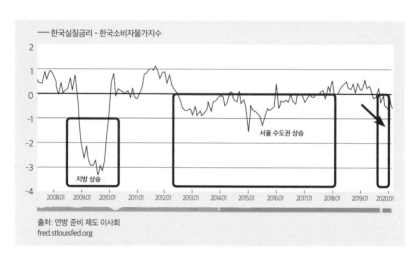

실질금리 - 소비자물가지수

제이크의 One Point Lesson

미국은 이미 제4차 양적완화를 시작했다. 전 세계는 동조화되어 있다. 한 번도 겪어보지 못했던 엄청난 화폐가치 하락이 일어날 것이다. 대비하지 않는 자는 큰 피해를 볼 것이다.

'실질금리 - 소비자물가지수' 지표도 유심히 보자. 역사는 반복되고, 금리가 물가를 따라가지 못하는 시기에는 실질 자산에 투자하는 것이 상대적으로 투자 수익률이 더 높다.

유동성 장세인지 알고 싶다면
통화량과 대출을 확인하라

앞에서 살펴보았듯이 미국은 제4차 양적완화를 진행 중이다. 통화량

이 급증할 것으로 예상되는 와중에 지금 한국은 과연 어떨까? 지금 과

연 유동성 장세인지 보려면 통화량과 대출을 확인해보면 된다. 한국은

행 경제통계시스템을 통해 통화량을 먼저 살펴보자.

한국은행 경제통계시스템 통화량

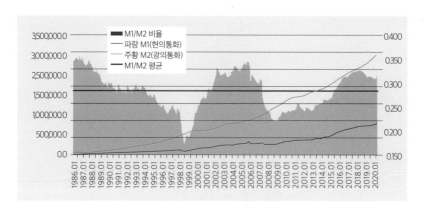

한국은행 경제통계시스템 통화량

한국은행 경제통계시스템에서 확인할 수 있듯이, 현재 통화량은 평균보다 많이 있으며 역사적으로 M1/M2 비율이 급격히 줄어들 때, 경제 위기가 왔었다. 우리는 이 통화량을 보고 기본적으로 현재 사이클은 아직 돈의 힘으로 자산이 증식되는 유동성 장세임을 알 수 있다. 근래에 많은 대출 규제로 유동성이 약간 줄어든 추세를 보이고 있지만, 한쪽을 막으면 다른 쪽이 생긴다고 아직 유동성은 평균 이상에 있는 것을 볼 수 있다. 그럼 좀 더 구체적으로 대출 총량이 어떻게 늘어나고 줄어드는지 분석해보자.

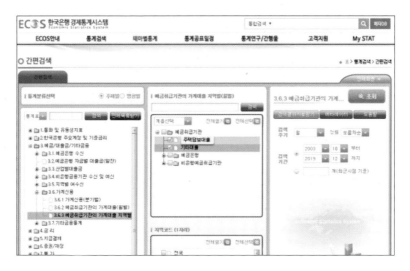

한국은행 경제통계시스템 주택담보대출 및 기타대출

주택담보대출은 가계부채를 뜻하고, 최근에는 신용대출 등 기타대출 마저 이용해서 부동산 투자를 하는 데 사용하는 경우가 많다. 금리가 낮아지고, 각종 대출이 늘어나면 가계부채가 늘어난다. 역사적으로 볼 때 가계부채가 증가하면 주택 가격도 상승했다. 앞에서 언급한 돈의 힘으로 자산이 증식되는 형태다.

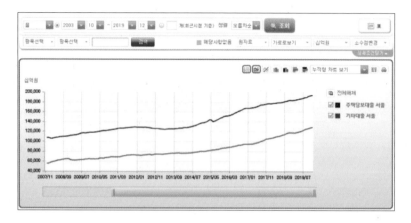

서울 주택담보대출 및 기타대출

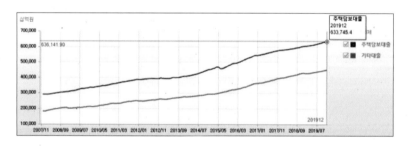

전국 주택담보대출 및 기타대출

　서울을 예시로 보면, 서울은 주택담보대출 및 기타대출이 꾸준히 증가하는 것을 볼 수 있다. 다른 지역들도 차트를 그려볼 수 있다. 유동성이 풍부한 장에서는 대부분의 지역에서 대출이 늘어난다. 혹시 주택담보대출이 줄어든다고 해도 기타대출이 증가하는 경우가 많다.

　이렇게 통화량과 대출 총량을 보았듯이 대한민국 역시 미국의 양적완화에 따라 유동성 장세가 진행되고 있다. 돈이 갈 곳이 없다. 은행 예금도 이율이 낮고, 펀드 주식도 시원치 않고, 그래서 부동산으로 돈이 많이 몰리는 것이다. 이 시기에는 부동산뿐만 아니라, 실물 자산에 투자를 해야 한다. 화폐를 그냥 가만히 갖고 있으면, 시간이 갈수록 손해를 보는 꼴이다. 시간이 나의 편인 투자를 하자.

제이크의 One Point Lesson

대한민국도 통화량 증가와 대출 총량의 증가 구간인 유동성 장세다. 실물 자산에 투자하자!

부동산으로 번 돈은
다시 부동산으로 들어간다

이번 장에서 유동성 부문에 통화량과 대출뿐만 아니라, 토지보상금에 관하여 살펴보려고 한다. 1987~1990년에 1기 신도시 토지 보상금이 지급됐다. 그 돈이 토지와 아파트 값을 올렸다. 그 이후에도 그래프를 살펴보면 여러 차례 신도시들이 영향을 준 토지 보상금의 효과를 가늠해볼 수 있다.

이제 정부가 여기저기 3기 신도시를 만든다고 한다. 공급을 늘려서 집값을 안정화하기 위한 정책이다. 그전에 토지보상금 지급으로 다시 한번 토지 가격과 아파트 가격에 영향을 미칠 것이다.

결국 부동산으로 번 돈은 다시 부동산으로 들어간다. 만약 당신이 부동산으로 돈을 벌었다면, 어디에 또 투자를 하겠는가? 이렇게 집값이 안정화되기 전에 유동성 장세가 온다. 아파트 가격이 불꽃처럼 상승한 뒤에 공급이 제대로 이루어진다면, 이후에 조정을 받으면서 안정화될 것이다. 아파트는 지금 당장 만들고 싶어도, 몇 년이 걸리는 작업이기 때문에 아직 3기 신도시 공급을 걱정하기에는 이르다. 그전에 유동성 장세에 관련하여 공부를 제대로 해서 기회를 잡아보자.

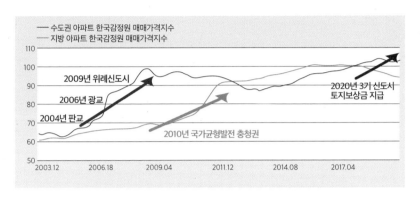

토지보상금에 따른 수도권 지방 아파트 한국감정원 매매가격지수

위 그림에서 볼 수 있듯이 2004년 판교, 2006년 광교, 2009년 위례신도시를 위한 토지보상금이 지급되었다. 결국 부동산은 토지다. 토지의 가격이 상승한 것이다. 아파트나 주택도 결국 땅을 사는 것이다. 모든 것은 땅으로 통한다. 토지보상금을 받은 사람들이 다시 부동산에 투자하기 때문에 토지 또는 주택 가격이 상승한 것이다. 2004년~2009년은 수도권 위주의 토지보상금이 지급되어서 수도권 위주로 가격이 상승했다.

2010년대 국가균형발전을 위한 정책 덕분에 충청권, 경상권 등도 토지보상금으로 인해 지방도 활황장을 겪었다. 다음 장에서 설명하겠지만 이 모든 것은 또 수요와 공급 사이클에 맞물려 들어간다. 2020년부터는 수도권 주변에 3기 신도시를 대거 만든다고 한다. 그렇다면, 이 토지보상금은 어디로 들어갈 것인가?

그렇다. 다시 한 번 수도권으로 돈이 흡수될 것이다. 그동안 서울이 많이 상승했다면, 이제 경기도가 상승을 준비하고 있다. 꺼진 불도 다시 볼 때다.

제이크의 One Point Lesson

3기 신도시 토지보상금이 온다! 또 다른 유동성이 수도권에 지급된다. 경기도를 주시하자!

자산 가치가
점프할 수 있는 시점!

제4차 양적완화 등, 전 세계적으로 통화량이 늘고 있으므로 금융 유동성 장세가 온다. 그런데 엄청난 유동성 장세와 함께 공급 부족의 실거주 장세가 가세한다. 정부도 이 만남을 인식해서 많은 규제들을 내세우고 있는 중이다. 자산 가치가 한 번 더 크게 점프할 것이다.

앞에서 전 세계 주택 가격들이 동조화되어 있는 것을 확인했다. 그중에서도 대장인 미국의 주택 가격을 잘 살펴봐야 한다. 미국 주택가격지수를 먼저 살펴보자. 다음의 S&P 케이스-실러 지수 지수[5]가 꺾이고 나서 위기가 찾아왔었다. 그러므로 우리는 이러한 미국 주택가격 지표 또한 잘 관찰해야 한다.

---

5   칼 케이스 웰즐리대 교수와 로버트 실러 예일대 교수가 공동 개발한 미국의 주택가격지수를 말한다. 미국의 20개 대도시 지역을 대상으로 최소한 두 번 이상 거래된 주택의 데이터로 지수를 산출해 공신력이 높다. 2000년 1월 100을 기준으로 한다. S&P와 산업전문가들로 구성된 인덱스위원회가 관리하며 매월 마지막 주 화요일 발표한다.

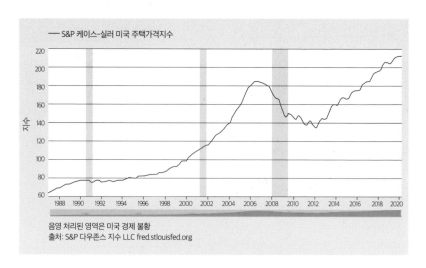

S&P 케이스-실러 미국 주택가격지수

결국 미국 주택가격지수는 글로벌 동조화로 전 세계와 연동되고, 한국 또한 미국 주택가격지수를 따라간다. 한국은 미국을 따라간다는데 미국 주택 가격은 왜 이렇게 상승하고 있을까?

미국 주택가격도 결국 통화량과 공급에 따라 결정된다. 통화량의 엄청난 증가는 앞에서 많이 살펴보았다. 그렇다면 미국 주택 공급은 어떠할까? 보통 각국의 정부에서 인허가 실적을 내주고 그다음에 건설해서 실제로 입주하는 공급까지 3년 정도 소요된다. 인허가 실적의 다른 의미는 그만큼 경기부양을 하겠다는 의미도 있다. 모든 것이 영원할 수 없듯이 결국 인허가 실적도 최고치를 찍고 나서 1~2년 내에 경제 위기가 왔었다.

경기 부양을 할 때는 좋지만, 인허가 실적을 그만큼 많이 내주면 공급 또한 늘어나므로 주택 가격에 사이클이 생성된다. 경제가 안 좋아서 또 주택이 없어서 인허가 실적을 내주면, 건설 경기가 살아나서 경기 부양이 되다가, 건설을 해서 공급이 몰리면 과다 공급으로 주택 가격이 하락하고, 주택 가격이 하락하면 건설사들이 건설 자체를 하려고 하지 않아서 다시 경기가 안 좋아지고 위기가 온다. 그렇게 되면 공급이 줄어들어서 또다시 주택 가격이 상승한다. 그때는 정부의 경기 부양정책까지 가세한다. 이렇게 하나의 큰 사이클이 미국도, 한국도 계속 반복된다. 우리는 이 사이클 속에서 투자의 기회를 찾아야 한다.

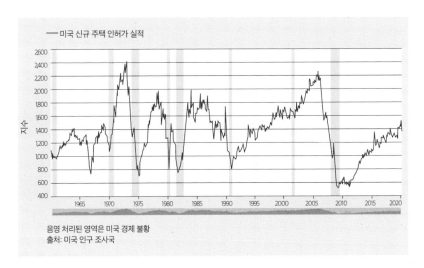

미국 신규 주택 인허가 실적

위 그림에서 볼 수 있듯이 미국의 신규 주택 인허가 실적이 피크를 찍고 나서, 1~2년 이내에 하락하면서 음영 처리된 것처럼 경제 위기 리세

션이 왔었다. 결국, 앞에서 설명한 사이클이 있는 것이다. 현재 미국은 2008년 금융 위기 이후에, 인허가 실적이 미미했으며 그로 인해 공급 부족으로 주택 가격이 상승하고 있다. 사이클에 의해서 미국의 인허가 실적도 상승 중이며, 이 상승 곡선이 꺾이기 시작한다면 시장 과열과 함께 공급이 많아질 것을 예상하고 대비해야 한다.

대한민국도 마찬가지다. 한국의 통화량 증가는 앞에서 확인했고, 공급에 대해서 다음 장에서 자세히 설명할 것이다. 결국 글로벌 시대에 큰 사이클을 이해하고 좋은 타이밍에 현명한 투자를 하는 사람이 위너가 될 것이다.

제이크의 One Point Lesson

한국의 주택 가격은 미국의 주택 가격과 연동되어 있다. 통화량과 공급 사이클을 이해하고, 미국 신규 주택 인허가 실적을 모니터링하자. 금융 유동성 장세와 공급 부족으로 실거주장이 만난다! 현금 실탄을 장전해서 실질 자산을 늘려갈 기회를 잡자!

경제 위기에는 현금흐름을
만드는 수익형 사업에 주목하라

앞에서 부동산 투자를 결정할 때 꼭 확인해야 할 경제지표 10가지를 자세히 설명했다. 만약 지표들을 확인한 결과 과반이 넘는 비율로 이상 신호를 표기하고 있다면 어떻게 해야 할까? 그때는 욕심을 버리고 공격적인 시세차익 투자는 멈춰야 한다. 버블은 터지기 직전에 가장 아름답게 활활 타오른다. 욕심을 버리지 않으면 큰 피해를 볼 수도 있다.

만약 경제 위기 초입을 감지했다면, 현금흐름이 나오는 확장성 있는 사업을 해야 할 것이다. 여태까지는 공격형 투자를 부동산 투자에 비유했다면, 이번에는 현금흐름 창출할 수 있는 사업이다. 매월 월세가 나오는 수익형 매물을 경매로 싸게 낙찰받는 것도 좋다. 혹은 요즘 공유경제 등으로 핫한 에어비앤비나 셰어하우스, 플랫폼 비즈니스 등 공부하면 다양한 분야가 있다. 그중에서도 사람이 살아가면서 없어서는 안 될 의식주에 입각한 사업을 생각해야 한다.

사실 이런 사업들은 부동산 투자를 하면서 병행해야 한다. 투자가 잘

못되었을 때, 현금흐름을 창출하는 사업이 있다면 그 구멍을 채워 줄 것이다. 반대로 사업이 잘 안되었을 때, 부동산 투자로 인하여 번 돈이 채워줄 수도 있다. 실제로 재테크에 큰 성공을 이룬 사람들은 한 가지만 하지 않는다. 서로 다른 성격의 투자와 사업을 병행하면서 위기 때마다 위험도를 분산시킨다. 또 잘될 때에는 서로 시너지가 나기도 한다. 이러한 투자와 사업에 관련된 부분은 사람마다 역량과 관심도가 다르다. 그렇기 때문에 스스로 자신에게 맞는 투자 방법을 깊이 생각해보길 바란다.

제이크의 One Point Lesson

안전한 부동산 투자의 비결!
프롤로그에서 언급한 부동산 투자 분산 포트폴리오가 중요하다.
경제 위기가 오고 있다면 공격형 투자를 멈추고 방어형 투자에 더욱 신경을 쓰자!

버블은 반드시 터진다!
안전 자산을 마련하기

자본주의 사회에서 국가는 안정적인 성장을 원하지만, 시장이 항상 그렇게 돌아가지 않는다. 인간이 참여하는 시장이기 때문에, 급등하기도 하고 급락하기도 한다. 환희로 가득한 자산이 급등하면 버블이 생기고, 그 버블은 언젠가 반드시 터지게 되어 있다. 이치에 맞게 안정적인 성장률로 돌아오게 되는 것이다. 그래서 급등하는 것이 항상 좋은 것만은 아니다.

이제 조금 비관적인 시나리오를 써보려고 한다. 미래는 아무도 모르기 때문에, 언제 어떻게 경제 위기가 닥칠지 모른다. 우리는 신이 아니기 때문에, 그 징조들을 보고 대처하는 것이 현명할 것이다. 미·중 무역 전쟁으로 글로벌 경기가 안 좋아지고 있다. 그로 인하여 소비 지출이 줄어들고, 그에 따라 기업의 생산이 줄어들고, 일자리도 감소하며, 투자 역시 감소한다. 이렇게 악순환이 계속되면 경제 침체가 올 수 있다. 세계 최고의 소비국인 미국의 소비자지수가 감소하면 경제가 흔들린다. 소비자가 줄어드니 생산자 역할을 하는 중국의 성장률도 둔화되고, 유럽은 브렉시트, 제로금리, 코로나19 등 전 세계가 고통을 겪고 있다. 미중 무역전쟁 뿐만 아니라, 유로존도 미국과의 관세로 갈등이 많다. 이러한 상황에서 각 국가들이 서로 양보하며 세계 경기를 살린다면, 위기는 넘어갈 수 있다. 하지만, 코로나19 사태 등 갑작스러운 쇼킹과 유가전쟁 등으로 침체가 계속된다면 경제 위기를 피할 수 없을지도 모른다. 그래서 우리는 필자가 소개한 경제지표 10가지를 확인하고, 위기를 잘 살펴보면서 위기를 감지하고 투자를 고려해야 한다.

경제가 글로벌하게 다 엮여 있는 시대에 살고 있는 우리는, 세계적인 대가들의 말에 귀 기울여야 한다. 홍콩의 부동산 재벌 리카싱李嘉誠은 "세계 경제가 둔화하고 있기 때문에 부동산 투기에 주의해야 한다. 감당할 수 있는 범위 내에서 살기 위한 집 외에, 투기 목적만으로 집을 절대 사지 말아야 한다"라고 경고하고 있다. 투자의 귀재 워런 버핏Warren Buffett은 사상 최대 현금보유율을 늘리고 있는 중으로, 무언의 충고를 던지고 있다. 세계 3대 투자가 짐 로저스는 "앞으로 1~2년 사이에 내 생애 최악의 경제 위기가 발생할 것이다"라고 경고한다.

10년간 4,000퍼센트의 수익률을 낸 짐 로저스Jim Rogers는 글로벌 금융위기, 중국의 부상, 러시아 붕괴, 트럼프 당선을 맞추었던 사람으로 통찰력이 대단하다. 한 가지 다행인 점은, 짐 로저스가 기다리고 있는 최고의 투자는 향후 통일 한국에 모두 투자하겠다는 것이다. 헤지 펀드의 제왕 레이 달리오Ray Dalio는 "세계 경제의 패러다임이 바뀌고 있다. 현재 세계 경제는 1930년대 대공황 때와 닮았고, 대대적인 부진에 돌입했다. 세계는 미쳤고 통화 완화로 시스템은 붕괴했다"라고 강력한 메시지를 남겼다. 물론 자본주의 사회에서 버블은 반드시 터지기 때문에, 10년마다 이런 소리들이 많이 나온다.

하지만 버블이 언제 터질지는 아무도 모르게 때문에 많은 지표들을 보면서 본인 스스로 판단해야 한다. 타이밍을 잘 살펴보고 설정해서 대비해야 한다. 가장 가파르게 상승하고 있을 때가 버블이 터지기 직전일 수 있다. 과욕을 부리다가는 버블이 터지는 것을 지켜보게 될 것이기 때문에, 항상 공부하면서 지표들을 모니터링해서 적당히 수익을 보고 매도하는 등 투자 포트폴리오를 현명하게 짜야 할 것이다. 다시 한 번 강조하고 싶다. 탐욕과 과욕은 금물이다.

세계적인 대가들은 대중과 반대로 움직인다. 대중들이 환희에 차서 너도나도 보지도 않고 매수할 때, 현금을 보유하면서 때를 기다린다. 버블이 터지면, 그때 헐값에 매우 좋은 자산들을 매수한다. 투자자라면 세계 경제지표들을 모니터링하는 것이 이렇게 매우 중요하다. 지금 이 순간에도 미국 4대 은행 인출 금지 사태, 도이치뱅크 등 유럽 최대 은행의 위기, 중국 뱅크런 사태, 전 세계 증시 폭락 등 언제 터질지 모르는 화약고 같은 상황이 지속된다. 버블이란 그렇다. 버블이 가장 커졌을 때가, 수익도 가장 크다. 하지만 시장은 영원한 상승도 없고, 영원한 하락도 없다.

그렇다면 경제 위기가 진짜 닥쳤다면 어떻게 해야 할까? 흔히 말하는 안전자산 금, 은, 암호화폐에 대해서 생각해보자. 물가와 연동되어 있는 원유 가격을 먼저 살펴보자.

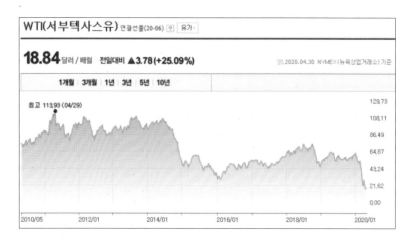

WTI 서부 텍사스 유 가격 추이

몇 년 전에 원유 가격이 폭락한 적이 있었다. 산유국들의 수지에 맞는 가격인 20~30달러보다도 더 떨어질 때가 있었는데, 이때 얻은 교훈은 생산 단가 사이클의 원리다. 결국 생산 단가와 손익분기점보다 낮은 가격으로 그 가격이 내려갔을 때는 생산되지 않는다. 만들수록 손해를 보는데 누가 생산하려고 할까? 배럴이 쌓여 있으면 그것이 다 쓰이고 나서 부족해져서 다시 가격이 상승하면 생산하는 구조다. 원유는 현재 없어서는 안 될 에너지원이기 때문이다.

최근에 유가가 다시 폭락하는 것은 미국, 중동, 러시아 등 산유국들의 이해관계에 의하여 이루어지기 때문에 예측하기 어렵다. 투자하기 어려운 상품이다.

금과 은 또한 귀금속이나 산업 재료 등으로 쓰이기 때문에 꼭 필요한 물질이다. 그렇다면 금의 생산 단가와 가격 추이는 어떻게 될까?

매번 조금씩 바뀌겠지만 금 1온스 생산 단가는 대략 미국달러로 1,221달러 정도 한다. 그렇다면 역시 그 연도의 생산 단가가 바닥을 지지하고 있는 모습을 볼 수 있다. 금은 안전자산으로 보는 것보다 인플레이션 헷지 자산으로 증시가 폭락하고 채권 만기가 와서 롤오버를 해야 할 때, 돈을 구하는 곳이다. 복잡한 것을 다 제외하고 생산 단가에 집중해보자.

금 가격 추이

원유와 금 가격은 현재 생산 단가보다 위에 있다. 만약에 각각 그 해 년도의 생산 단가보다 아래 가격으로 내려간다면 나쁘지 않은 매수 타이밍 것이다. 다음으로 4차 산업혁명 재료로 많이 쓰이는 은을 살펴보자. 은 1온스 생산 단가는 대략 21달러이다. 현재 은의 생산 단가보다 은이 저렴하다면, 은의 생산은 이루어지지 않는다. 누가 손해 보는 장사를 하겠는

가. 2023년 정도 되면 은이 많이 사용되고, 다시 필요로 하기 때문에 은의 가격이 올라갈 것이다.

은은 4차 산업혁명인 전기자동차 배터리, 태양광 전지 등 많은 부분에서 중요한 재료로 쓰이고 재활용도 잘 안 되기 때문이다. 이렇게 안전 자산들을 생산 단가의 원리에 입각해서 투자하는 것이 현명하다. 현재 금 가격이 부담스럽다면, 은 가격을 보고 대체 투자처로 생각해도 좋다. 하지만 이 가격은 살아있는 생물처럼 시시각각 바뀌기 때문에 잘 모니터링해서 분석하고 판단해야 한다.

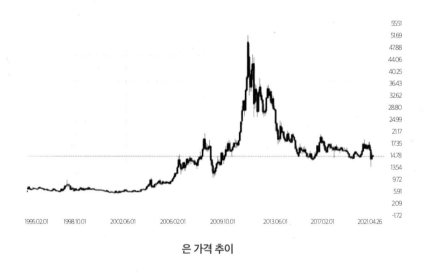

은 가격 추이

그렇다면 블록체인 기술에 입각한 암호화폐는 어떨까? 비트코인의 경우 한정적인 수량을 만들어서 금과 같은 성격을 지녔다. 그러므로 당분간 상승과 하락을 거치면서 누군가는 수익을 보고, 누군가는 손해를 볼 것이다. 하지만 이러한 코인들은 무엇을 담보로 하는가? 실물 가치라고 함은 담보가 있어야 한다. 은행에서 돈을 빌려줄 때도, 그 사람의 신용, 주택, 토지 등을 담보로 걸고 돈을 빌려준다. 앞으로 화폐의 가치는 계속 몰락해서 블록체인 기술에 입각한 새로운 암호화폐가 세상을 지배할 수 있다. 그 화폐는 무엇인가를 담보로 해야 할 것이다.

만약 부동산을 무척 많이 갖고 있는 부동산 기업이라면, 부동산을 담보로 코인을 발행할 수 있다. 또, 금을 매우 많이 갖고 있는 미국에서 금을 담보로 암호화폐를 만들 수 있고, 은을 50퍼센트 이상 소유하고 있는 JP모건에서 은을 담보로 암호화폐, 코인을 발행할 수 있다. 제대로만 한다면 대박날 수 있는 아이디어를 지금 말하고 있다. 세상이 바뀌는 소리에 떨리지 아니한가? 국제적으로 대기업인 페이스북도 IMF 국제기관도 암호화폐 발행을 준비하고 있다. 화폐를 가만히 들고 있으면 안 된다. 담보를 잡을 수 있는 실물자산 또는 미래가치가 있는 기술에 투자해야 한다.

제이크의 One Point Lesson

화폐를 가만히 들고 있으면 안 된다! 실물자산에 투자해야 한다. 경제위기에도 안전한 자산을 원한다면 생산 단가보다 낮은 금과 은 또는 실물자산을 담보로 하는 암호화폐에 일부분 투자하자.

Chapter 3

2023년까지 사고팔 지역은 정해져 있다
(숲을 살펴보기)

우주에서 지구를 바라보듯이 넓은 안목으로 경제 위기를 관찰하는 10가지 방법을 살펴보았다. 경제 위기가 아닐 때 부동산 투자는 어떻게, 어느 지역에 해야 할까? 이번 장에서는 투자해야 할 지역들을 어떻게 선정해야 하는지, 숲을 제대로 보는 방법에 관해 소개하려고 한다.

이 지역은 고평가 지역일까?
저평가 지역일까?

부동산 투자를 처음하는 사람은 어디서부터 어떻게 공부해야 할지, 어디에 투자해야 할지 막연하게 느껴져서 답답할 것이다. 투자 지역은 서울이 좋다는 것을 알고 있지만, 계속 오를 것인지, 지방에 투자해야 하는지 도통 판가름하기 어려울 것이다. 예전에는 감으로 투자하는 사람들이 많았지만, 요즘같이 통계 데이터가 정말 잘 나온 시대에는 투자도 과학적으로 해야 한다.

사실 지금부터 앞으로 2023년까지 사야 할 주택들은 다 정해져 있다. 왜냐하면, IT 강국인 대한민국은 많은 수요와 공급 지표들이 2023년까지 모두 나와 있기 때문이다. 예를 들면, 정부에서 주택 공급을 하려면 그 지역에 인허가 실적을 내야 되고, 건설사가 분양을 하고, 공급되기까지 시간이 걸리기 때문이다. 미리 인허가 물량과, 분양 물량을 통해서 공급 물량을 공부하면 미래에 어느 지역에 얼마만큼의 입주 물량들이 공급되는지 알 수 있다. 지금부터 2023년까지 이러한 데이터들이 모두 있다는 데 흥분되지 아니한가? 많은 부분을 계획하고 수익을 낼 수 있다. 물론, 모든 것이 계획처럼 되지는 않겠지만 이 부족한 부분은 발품 답사를 통해 채울 수 있다.

먼저 가장 쉽게 체크할 수 있는 것은 어느 지역이 고평가 혹은 저평가 되었는지 살펴볼 수 있는 기준을 소개하려고 한다. 전 세계 도시들의 버블지표는 영국 UBS은행에서 매년 발표한다. 전 세계 도시들의 지표와 비교해서 볼 수 있지만, 아쉽게도 한국은 찾아볼 수 없다.

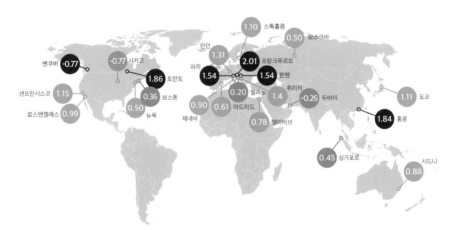

UBS 세계 부동산 가격 버블 지수

그렇다면 우리나라 도시들의 버블 지수는 누가 발표할까? 한국주택 금융공사 주택금융연구원에서 자세히 분석해서 친절하게 알려준다. 지역별 주택구입부담지수라고 계산 방법은 아래와 같다.

$$K - HAI = \frac{\text{대출상환가능소득}}{\text{중간가구소득}} \times 100$$

어려워 보이지만 개념은 아주 쉽다. 우리나라 중간 소득 가구의 주택 구입 능력을 파악하기 위한 지표인데, 대출 상환 부담까지 포함되어 있는 지수로써, 버블을 체크할 수 있다. 이 지수가 높을수록, 주택 구입 부담이 커지는 것을 의미한다. 기본적으로 평균선보다 위에 있으면 고평가 구간, 아래 있으면 저평가 구간임을 알 수 있다. 심지어 그 지역의 방향성도 일부 볼 수 있다. 적어도 자신이 매수하는 지역이 고평가인지 저평가인지 알고 투자하자.

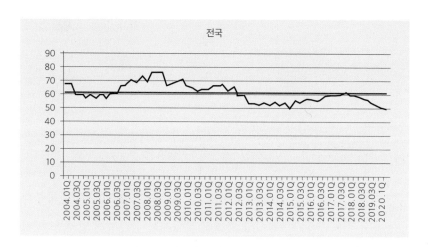

전국 주택구입부담지수

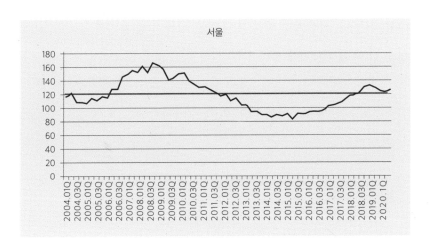

서울 주택구입부담지수

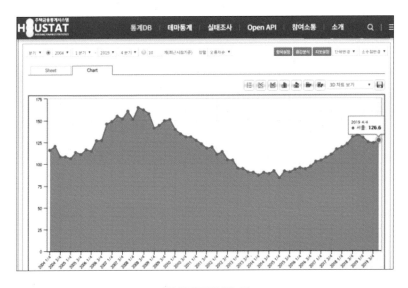

서울 주택구입부담지수

이렇게 각 지역의 주택구입부담지수를 주택금융통계 시스템에서 찾아볼 수 있다. 아쉽게도 이 지표는 발표 시기가 한 분기씩 늦지만, 보기 쉽게 한 번 훑어보기에 좋다. 다른 지역들도 한 번 살펴보자.

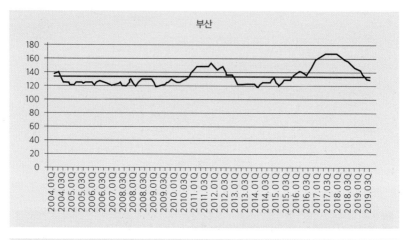

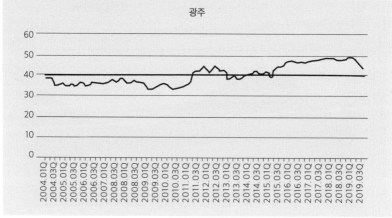

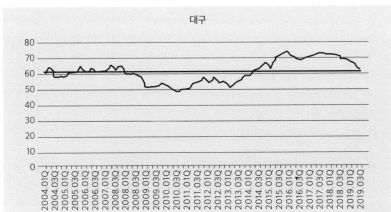

대구

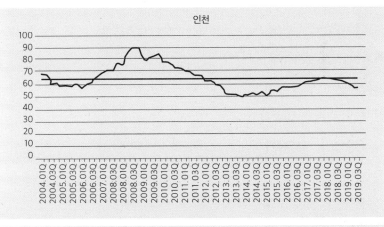

인천

대전

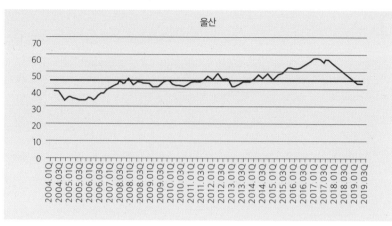

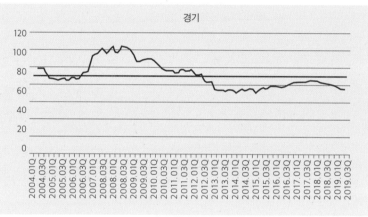

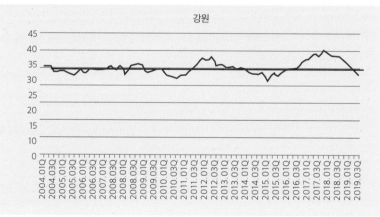

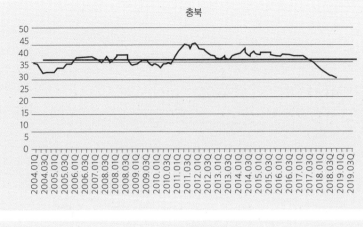

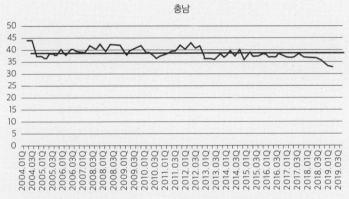

부산·광주·대구·인천·대전·울산·경기·강원·충북·충남 주택구입부담지수

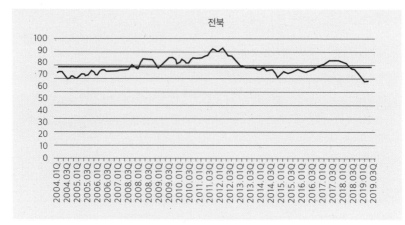

전북

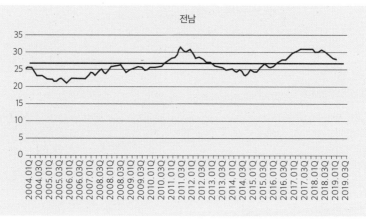

전남

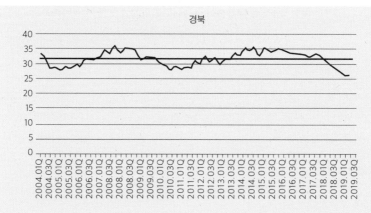

경북

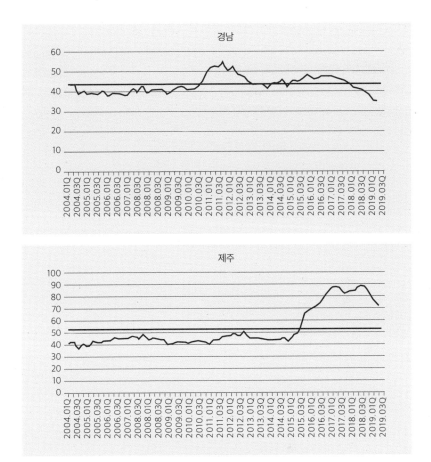

전북·전남·경북·경남·제주 주택구입 부담지수

　자신이 분석하려고 하는 지역이 현재 평균 대비 고평가인지, 저평가
인지 주택금융연구원에서 확인할 수 있다. 이제 본격적으로 어느 지역
을 선택해야 할지 살펴보자.

제이크의 One Point Lesson

주택금융연구원에서 발표하는 주택구입부담지수로 자신이 투자하고자 하는 지역이
고평가 구간인지 저평가 구간인지 먼저 파악하자.

수요가 증가하는 지역을 찾는 핵심 요인 3가지

수요와 공급 개념을 이해한다면 2023년까지 답은 정해져 있다는 말에 공감할 것이다. 수요 지표 중에 가장 중요한 두 가지는 그 지역 유동성과 인구수다.

첫 번째로 유동성이란 시중에 돈이 얼마나 많이 풀려 있는가에 대한 것으로, 한국은행에서 제공하는 데이터를 통해 확인하는 방법을 앞에서 다루었다.

두 번째로 투자 지역을 선정하기 위해서 중요하게 살펴보아야 할 것은 인구수가 증가하는 지역들이다. 기본적으로 수요가 늘어나는 지역은 정비사업 현황이 활발하고, 일자리와 인구수가 증가한다. 이 세 가지는 서로 일맥상통한다. 일자리가 늘어나면, 당연히 사람들이 모이기 마련이고, 인구수의 증가에 따라 그 지역에 재개발과 재건축 등의 수요도 늘어나게 되어 정비사업 현황이 활발해진다.

다음의 그림은 정비사업 현황을 나타냈다. 계속 바뀌기 때문에 대략적인 수치임을 감안하고 확인해보자. 결국 도시의 규모가 클수록, 즉 인구수가 많을수록 정비사업 현황이 활발하기 때문에 투자하기 안전하다.

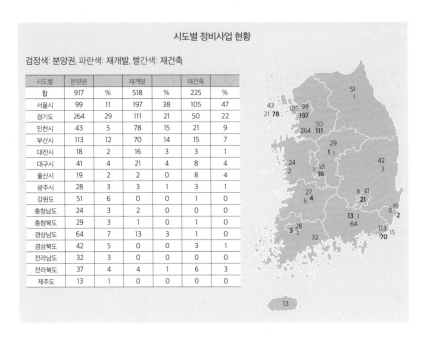

시도별 정비사업 현황

검정색: 분양권, 파란색: 재개발, 빨간색: 재건축

시도별	분양권		재개발		재건축	
합	917	%	518	%	225	%
서울시	99	11	197	38	105	47
경기도	264	29	111	21	50	22
인천시	43	5	78	15	21	9
부산시	113	12	70	14	15	7
대전시	18	2	16	3	3	1
대구시	41	4	21	4	8	4
울산시	19	2	2	0	8	4
광주시	28	3	3	1	3	1
강원도	51	6	0	0	1	0
충청남도	24	3	2	0	0	0
충청북도	29	3	1	0	1	0
경상남도	64	7	13	3	1	0
경상북도	42	5	0	0	3	1
전라남도	32	3	0	0	0	0
전라북도	37	4	4	1	6	3
제주도	13	1	0	0	0	0

시도별 주요 정비사업 현황

　건설사의 일시적인 공급에 흔들리지 않으려면 적어도 인구수가 50만 명 이상인 지역에 투자하는 것이 안전하다. 혹자는 인구수가 50만 명 이상이 되는 도시부터 백화점이 들어온다고 한다. 일시적인 공급에 흔들리지 않으려면 사람이 살고 싶어하는 환경과 인프라가 있는 곳, 최소 인구수 50만 명 이상의 도시에 투자하자.

　인구수가 50만 명 이상인 도시들은 서울특별시, 경기도, 인천광역시,

5대광역시(부산, 대구, 대전, 광주, 울산), 충청남도 천안시, 충청북도 청주시, 경상남도 창원시, 김해시, 경상북도 포항시, 전라북도 전주시가 있다.

인구수

서울특별시	1,000	과천시	6	창원시	105
인천광역시	300	부산광역시	350	김해시	53
경기도	1,300	대구광역시	250	진주시	35
수원시	120	대전광역시	150	양산시	35
고양시	105	광주광역시	145	경상북도	270
용인시	102	울산광역시	115	포항시	51
성남시	100	세종특별시	35	구미시	42
부천시	85	충청남도	220	경주시	26
화성시	75	천안시	65	전라남도	190
남양주시	68	아산시	32	여수시	28
안산시	66	충청북도	160	순천시	28
안양시	58	청주시	85	목포시	23
평택시	50	충주시	21	전라북도	190
의정부시	45	강원도	155	전주시	65
시흥시	45	원주시	35	익산시	30
광명시	33	춘천시	28	군산시	27
군포시	28	강릉시	21		
하남시	25	경상남도	340		

시도별 인구수

이렇게 인구수가 50만 명 이상 되는 도시들 중에서, 인구수가 늘어나는 지역들을 추천한다. 인구수가 늘어나고 있는가, 줄어들고 있는가는 네이버 포탈에 검색만 해봐도 나온다. 예를 들어 네이버에 '경기도 인구수'라고 타이핑을 치면 연도별 인구수 증감을 손쉽게 확인할 수 있다. 물론 원 데이터는 통계청에서 가져온다. 이렇게 쉽게 인구수가 증가하는 지역들만 추려보면 인구수가 계속 유입되는 지역은 인천광역시, 경기도(광주시, 이천시, 수원시, 고양시, 용인시, 화성시, 오산시, 안성시, 남양주시, 구리시, 평택시, 의정부시, 시흥시, 하남시, 김포시, 파주시, 양주시), 세종특별자치시, 천안시, 아산시, 청주시, 충주시, 원주시, 김해시, 양산시, 순천시, 전주시가 있다.

　서울특별시와 서울과 가까운 경기도는 세계의 도시들과 경쟁하는 도시로써, 특별하게 희소성을 인정해줘야 한다. 또, 대전광역시의 경우 인구수가 계속 늘다가 2014년부터 조금씩 줄어드는 경향을 보인다. 이것은 세종특별자치시가 바로 옆에 생겨서 인구수를 끌어당김으로써 그런 것이다. 그런데 세종의 인구수 증가가 대전의 감소보다 훨씬 많기 때문에 대전광역시도 같이 고려해야 한다. 특별히 광역시 이상급 도시들은, 자체적으로 인구수가 많아서 규모가 크므로 같이 보아야 한다.

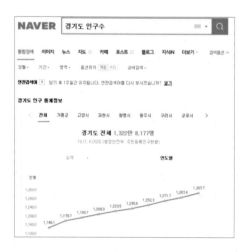

네이버 인구수 검색

인구수가 50만 명 이상 되는 도시들 중에서, 계속적으로 인구수가 증가하는 지역은 인천광역시, 경기도(광주시, 수원시, 고양시, 용인시, 화성시, 남양주시, 구리시, 평택시, 의정부시, 시흥시, 하남시, 김포시, 파주시), 세종특별자치시-대전광역시, 천안시, 청주시, 김해시, 전주시다. 추가로 인구수는 감소하고 있지만 규모와 희소성으로 특별한 도시들은 서울특별시, 서울근접 도시(광명시, 과천시, 부천시, 성남시, 안양시, 군포시, 의왕시, 안산시), 광역시 같은 도시들이다.

즉, 결론은 서울과 수도권, 광역시처럼 큰 도시는 규모와 희소성도 함께 움직이기 때문에 이 부분도 살펴봐야 한다. 지방은 인구수가 늘어나는 지역들만 본다면 수요가 늘어나는 지역을 선택했다고 볼 수 있다. 앞으로 지역들을 아래와 같이 수요에 따라서 분류하고 분석해보자.

- **수요1** 인구수 증가: 경기도1(광주시, 수원시, 고양시, 용인시, 화성시, 남양주시, 구리시, 평택시, 의정부시, 시흥시, 하남시, 김포시, 파주시), 인천광역시, 세종특별자치시-대전광역시, 천안시, 청주시, 김해시, 전주시
- **수요2** 규모와 희소성: 서울특별시, 경기도2(광명시, 과천시, 부천시, 성남시, 안양시, 군포시, 의왕시, 안산시), 부산광역시, 대구광역시, 광주광역시, 울산광역시

드디어 2020~2040년 제5차 국토종합계획을 발표했다. 좀 더 시각적으로 한 눈에 보기 쉽게 분석해보자.

인구 증감 지역(2020~2040년)

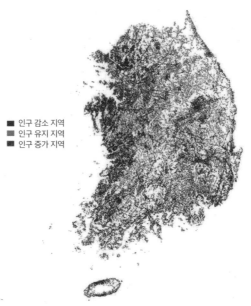

■ 인구 감소 지역
■ 인구 유지 지역
■ 인구 증가 지역

2040 제5차 국토종합계획안(2020~2040년)

　인구가 증가하는 지역은 위의 그림과 같이 정해져 있다. 서울특별시는 세계적인 도시로서 점점 더 비싸질 것이다. 그렇기에 서울 외곽의 도시에 인구가 밀려들 것이다. 결국 서울, 경기, 인천 수도권과 대전광역시-세종특별자치시, 충청북도, 충청남도 정도의 지역의 인구수가 증가할 것이다. 주택 하락을 주장하는 사람들은 인구수 감소를 근거로 든다. 그렇다면 인구수가 증가하는 지역에 투자하자.

　물론 다른 지역들이 오르지 않는다는 이야기가 아니다. 인구 감소 지역들도, 공급 사이클로 접근해서 수익을 내는 투자자들이 매우 많다. 하지만, 우선 이 책을 읽는 독자들 모두 부동산 투자를 이제 막 시작한 사람이라는 가정하에 기본에서부터 출발하려고 한다. 수요가 증가하는 지역에 투자한다면, 수익을 보는 구간이 반드시 올 것이기 때문이다.

요즘은 부동산 정보를 쉽게 얻을 수 있다. 유튜브, 부동산 카페, 블로그 등등 초보자들이 쉽게 하기 어려운 투자법을 소개하는 곳이 너무나도 많다. 특히 본인들이 투자한 다음 홍보해서 초보자들에게 넘기는 물건도 많다. 이런 것에 휘둘리지 않도록 조심해야 한다.

인구수가 증가하는 지역에서 출발하자. 앞에서 말한 지역만 투자를 해도 충분한 수익을 얻을 수 있다. 지금은 유동성 장세여서 이곳 저곳 다 오르고 있다. 하지만 투자자들이 올리는 것과 실거주자들의 힘에 의해서 올라가는 것의 차이는 크다. 인구수가 증가하는 지역들 안에서 안전하게 잃지 않는 투자를 하자.

수요1 인구수 증가: 경기도1 (광주시, 수원시, 고양시, 용인시, 화성시, 남양주시, 구리시, 평택시, 의정부시, 시흥시, 하남시, 김포시, 파주시), 인천광역시, 세종특별자치시-대전광역시, 천안시, 청주시

수요2 규모와 희소성: 서울특별시, 경기도2 (광명시, 과천시, 부천시, 성남시, 안양시, 군포시, 의왕시, 안산시)

그렇다면 앞에서 말한 지역에 모두 투자하면 될까? 그렇지 않다. 수요를 체크한 다음, 공급도 살펴봐야 한다. 기본적으로 인구수가 증가하면 정부에서 인허가 실적을 내준다. 건설업체들의 분양을 통해서 입주물량 즉, 공급량이 늘어난다. 수요가 증가하는 지역 중에서 공급량이 줄

어드는 시점을 선별적으로 골라야 한다. 그렇게 투자해야 안전하다. 이러한 투자가 과연 나쁜 것일까? 대중은 착각할 수 있다.

하지만 그렇지 않다. 일자리 증가 등의 이유로 인하여 사람들이 모여서 부동산의 수요가 폭발적으로 증가하는 지역에 정부와 건설사들이 차질 없이 공급하는 것은 무리다. 공급이 부족해진다면 수요의 증가로 모여든 사람들은 주거할 공간을 찾는 데 힘들 것이다. 주택 임대사업자들이 이러한 때 적시적소에 들어가서 임대를 하다면, 정부와 건설사가 하는 일에 조금이나마 보탬이 될 수 있다. 또한 임대사업자들도 시세차익을 얻을 수 있기 때문에 서로 윈-윈할 수 있는 상황이다. 앞으로 꾸준히 공부하면서 투자를 해나간다면, 수익도 낼 수 있고 이렇게 필요한 곳에 임대 공급을 하는 좋은 일도 할 수 있다.

제이크의 One Point Lesson

인구수가 50만 명 이상 되는 도시들 중에서, 그 수가 계속적으로 증가하는 지역에 투자하자.

 **제이크의 부동산 Tip**

인구수에 대한 자세한 데이터는 KOSIS 국가통계포털 사이트에 가면 세세한 정보들이 다 있다. 또, 인구수뿐만 아니라 그 지역에 인구 유입과 유출이 어디서 어떻게 일어나는지 자세히 알 수 있다.

KOSIS 국가통계포털 인구수 통계

KOSIS 국가통계포털 인구 이동자수 통계

앞에서 인구수가 늘어나고, 줄어드는 지역들을 살펴보았다. 그렇다면 이 인구들은 다 어디서 어디로 이동을 하는가? 인구 이동은 '호갱노노'에서 시각적으로 보기 쉽게 찾아볼 수 있다.

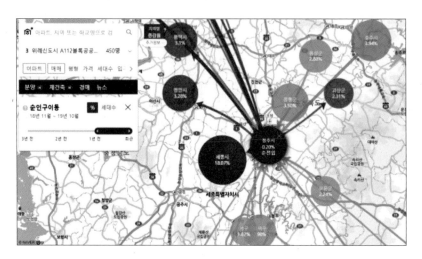

호갱노노 인구 이동

인구수가 늘어나는 지역들을 대개 일자리도 늘어난다. 일자리가 늘어나야 인구수가 늘어나기 때문이다. 일자리 증가는 다음의 SGIS 통계지리정보서비스 사이트에서 쉽게 확인할 수 있다.

SGIS 통계지리정보서비스 일자리 종사자수

앞으로 3년 동안 공급이
줄어드는 지역을 선정하라

앞에서 수요가 증가하는 지역들을 찾아보았으니, 이제 그 지역들 중에 2023년까지 공급이 줄어드는 시기에 있는 지역들을 추려서 분석해보자. 가장 중요하게 살펴봐야 할 지표 중에 하나가 바로 공급 물량이다. 물량 앞에 장사 없다고, 입주 물량이 쏟아지면 어느 지역이든 매매가와 전세가가 타격을 받을 수 받게 없다. 이럴 경우, 일시적으로 투자를 하기가 어렵다. 그래서 앞으로 3년 동안 공급이 줄어드는 지역을 선정해야 한다.

주택은 기본적으로 실물 자산이기 때문에, 소비자 물가지수를 따라서 우상향한다. 큰 사이클 중에 큰 하락과 상승은 경제 위기가 만들고, 지역과 시기별로 조그마한 하락과 상승은 공급이 결정할 때가 많다. 공급의 한 사이클을 이해하기 위해서, 동탄 신도시를 한 번 예로 들어보자. 정부에서 화성시에 공급을 하기 위해서 동탄 신도시를 계획하고 인허가 실적을 낸다. 그러면 여러 건설사들이 돈을 벌기 위해서 너도 나도 주택을 짓는다. 이렇게 되면 입주 물량이 갑자기 증가한다.

일자리가 있는, 아무리 수요가 있는 지역이지만 갑자기 공급량이 폭발적으로 증가하면 소화하기 어렵다. 그로 인하여 미분양이 증가한다. 아파트가 준공된 후에도 미분양이 나타난다면, 악성 미분양이 된다. 이렇게 되면 이 지역은 공급이 많아서 심각한 수준까지 도달한다. 어쩔 수 없이 하락기, 쇠퇴기를 맞이한다. 미분양이 늘어나면 건설사들은 더 이상 아파트를 지을 수 없다. 일단 만들어 놓은 미분양부터 해결해야 한다. 게다가 아파트 매매가격이 오르지 않기 때문에 건설사들이 나서서 지을 이유도 사라진다.

건설사들은 시장이 좋을 때 건물을 지어서 돈을 벌려고 한다. 자본주의에서는 당연한 현상이다. 미분양이 늘어나면 자연스럽게 인허가 실적 물량과 입주 물량이 줄어든다. 그렇게 되면 공급도 줄어든다. 일자리 증가로 그동안 증가했던 공급을 소화시킨다. 그러고 나면 바로 공급이 늘어날 수 없기 때문에, 수요가 다시 증가하는 주택 가격 회복기를 거쳐 상승기로 들어간다. 이때가 되면 건설사들이 다시 공급을 위해 건물을 짓는다. 외곽에 확장 지역을 또 만드는 것이다. 이렇게 사이클이 다시 시작된다.

주택 공급 사이클

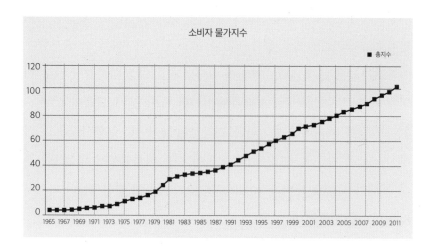

소비자 물가지수

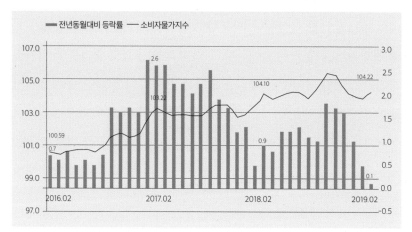

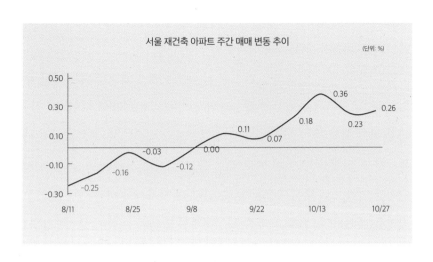

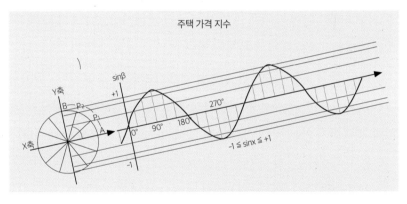

통계청 소비자물가지수 및 서울 재건축 아파트 주간 매매 변동 추이

이러한 공급 사이클이 있기 때문에, 주택 가격은 이렇게 상승과 하락
굴곡이 있다. 우리는 이왕 주택을 매수하려면, 공급 사이클상 하락 국면
에 있을 때, 상승 직전에 사는 것이 좋지 않을까? 공급 사이클은 몇 년이
걸리기 때문에 생각보다 길다. 시간에 대한 기회비용을 줄이려면 인허

가 실적과 미분양, 입주 물량이 줄어들 때 매수해야 한다. 그렇다면 이러한 공급 지표들을 하나씩 살펴보자.

입주 물량 즉, 분양물량을 확인한 뒤, 3년 후에 실제 공급되는 것을 보고 나면 이 지역이 언제부터 공급량이 줄어드는지 파악할 수 있다. 그런데 인허가 실적은 그 입주 물량보다 3년 정도 앞선다. 인허가를 받아야 분양하고, 건설할 수 있기 때문이다. 즉, 인허가 실적을 보면 조금 더 장기적인 안목으로 주택시장을 볼 수 있다. 필자가 흥분하는 이유는 일부 지역을 제외하면, 현재 전국적으로 대부분 인허가 실적이 줄어드는 사이클에 들어와 있다는 것이다. 정부도 이 사실을 알고 있을 것이다. 그 공급 부족 사이클이 다가오고 있기 때문에 미리미리 규제를 통해서 가격을 안정화하려는 예방의 목적이 있다.

앞에서 전 세계적인 추세인 유동성 장세가 오는 것을 보았다. 그런데, 대한민국 주택 공급 부족 사이클까지 겹쳤다. 이 엄청난 장이 오고 있는데, 준비하지 않는 자는 손해를 볼 것이다. 제대로 공부해서 대비하고 기회를 잡아보자.

인허가 실적 데이터는 한국감정원 부동산 통계에서 확인할 수 있다.

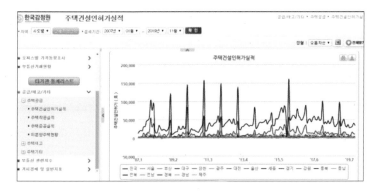

한국감정원 주택건설 인허가 실적 추이

인허가 실적은 이렇게 주기적인 사이클을 갖고 움직이고, 각 시도별로 장기적인 추세를 볼 수 있다. 실제로 밀접하게 살펴봐야 할 지표들은 미분양과 입주 물량이다. 앞에서 살펴본 수요가 늘어나는 지역 중에 공급 물량인 미분양과 입주 물량이 줄어드는 지역들의 타이밍을 한 번 잡아보자. 미분양 데이터 역시 한국감정원 부동산 통계에서 볼 수 있다.

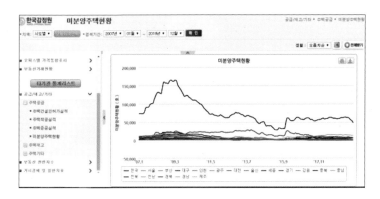

한국감정원 미분양 주택현황

더 자세한 시군구별 미분양 현황과 준공 후 미분양 현황은 KOSIS 국가통계포털에서 볼 수 있다. 이렇게 한국감정원과 KOSIS 국가통계포털에서 엑셀 파일로 데이터 원본을 다운받을 수 있다. 필자가 보기 쉽게 엑셀 데이터들을 가공해보았다. 앞에서 살펴본 수요가 증가하는 지역들 중에 미분양이 감소하는 지역들을 추려보자.

수요1 인구수 증가: 경기도1(광주시, 수원시, 고양시, 용인시, 화성시, 남양주시, 구리시, 평택시, 의정부시, 시흥시, 하남시, 김포시, 파주시), 인천광역시, 세종특별자치시-대전광역시, 천안시, 청주시

수요2 규모와 희소성: 서울특별시, 경기도2(광명시, 과천시, 부천시, 성남시, 안양시, 군포시, 의왕시, 안산시)

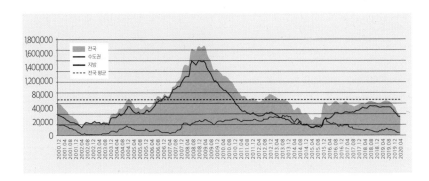

수도권 및 지방 미분양 추이

일단 수도권 미분양은 점점 감소하는 추세이고, 지방은 2019년 3분기까지 미분양이 증가하다가 현재는 평균 아래로 감소 추세에 있다. 본

격적으로 지역들을 하나씩 살펴보자. 미분양에 따른 매매지수와 전세지수는 KB부동산에서 주기적으로 발표한다.

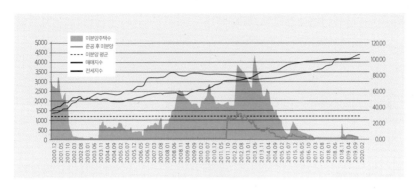

서울특별시 미분양 추이

서울은 2013~2014년 미분양이 급격하게 줄어들면서 본격적인 상승이 시작되었다. 미분양이 거의 없는 것을 보면 왜 서울이 이렇게 매매지수와 전세지수가 아름다운지 알 수 있다.

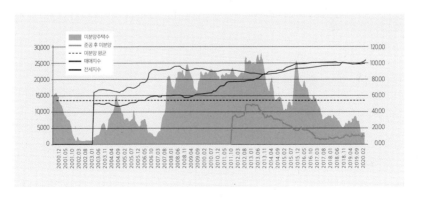

경기도 미분양 추이

경기도는 평균보다 아래 수치이긴 하지만, 아직 미분양 물량과 준공 후 미분양 물량이 조금 남아 있다. 그래서 경기도는 시별로 자세히 살펴 봐야 한다. 전체적으로는 미분양이 감소하면서 대세 상승장 초입에 있다. 이제 시작이다.

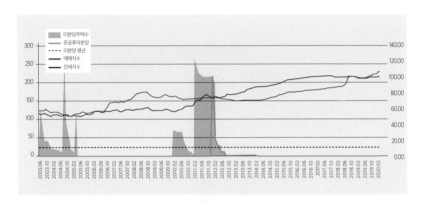

경기도 광명시 미분양 추이

경기도 광명시는 미분양과 준공 후 미분양이 거의 없다. 매매 흐름이 좋다. 광명시와 마찬가지로 그 외에 경기도 과천시, 성남시 또한 서울과 매우 근접한 도시들로 미분양이 거의 없다. 광명시, 과천시, 성남시 이 세 도시는 준 서울로써 매매 흐름이 좋을 수 밖에 없었다.

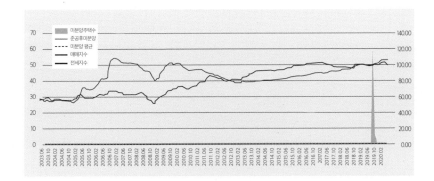

경기도 과천시 미분양 추이

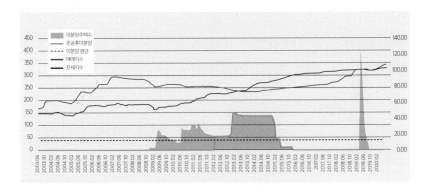

경기도 성남시 미분양 추이

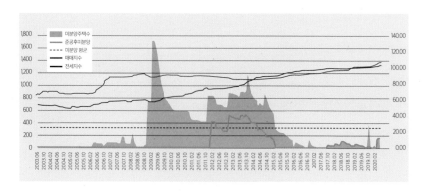

경기도 부천시 미분양 추이

경기도 부천시는 2015년까지 미분양이 있었지만, 최근에는 많이 줄어든 상태다. 미분양된 물량이 더 늘어나지 않는다면, 1차적으로 투자 대상에 넣어도 괜찮다. 다만, 아직 확인해야 할 기준들이 남아 있으니 성급하게 판단하지 말고 조금 더 지켜보자. 앞으로 투자 대상들을 각각의 기준에 대입해서 미달되는 부분이 있는 것들은 하나씩 탈락시킬 것이다. 확률을 높여가는 과정이다.

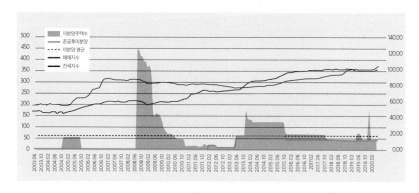

경기도 안양시 미분양 추이

경기도 안양시도 미분양 기준으로 살펴봤을 때 나쁘지는 않다. 그래프에서 중간중간 솟구치는 구간들이 있지만, 그럼에도 그때그때 소화되는 것을 볼 수 있다. 안양시의 바로 옆에 있는 군포시와 의왕시도 비슷한 추이를 보인다. 전망이 나쁘지는 않다.

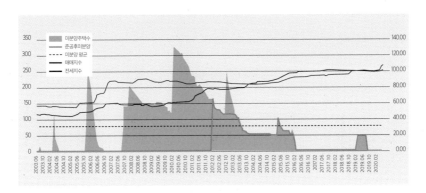

경기도 군포시 미분양 추이

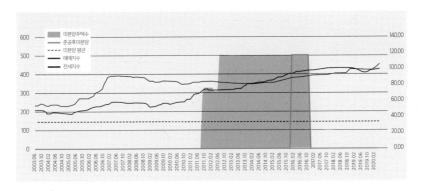

경기도 의왕시 미분양 추이

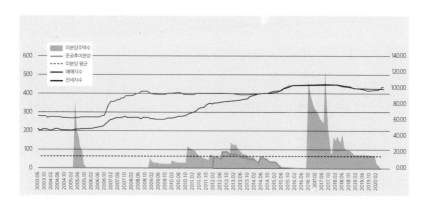

경기도 안산시 미분양 추이

　경기도 안산시의 미분양 물량은 2019년까지 평균 이상이었다가, 2020년부터 급격하게 줄고 있음을 볼 수 있다. 미분양이 급격하게 좋아지고 있는 지역이니 관심을 두고 지켜보자. 특히 입주 물량이 줄어들기 시작할 때, 그때가 적기다. 최근의 경기도 안산시 분양권과 신축 위주로의 상승은 유동성 장세의 힘이 크다. 이 공급 데이터들이 줄어들기 시작하면, 구축도 오르는 실거주장이 온다. 계속 주시하고 있다가 공급이 줄어드는 시점을 잘 맞춰보자.

　지금까지 수요2. 규모와 희소성이 있는 도시들을 보았다면, 이제 본격적으로 수요1. 인구수가 증가하는 지역들을 살펴보자.

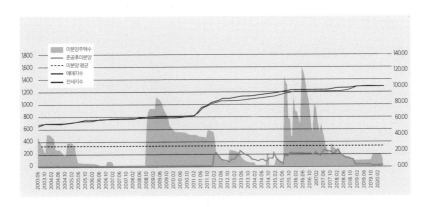

경기도 광주시 미분양 추이

경기도 광주시도 2015년과 2016년 때 미분양이 심했지만, 지금은 많이 없어져서 미분양 기준으로 보았을 때 좋은 투자처다. 하지만 뒤에서 입주 물량을 잘 보고 들어가야 하니, 아직 성급하게 판단하지는 말자.

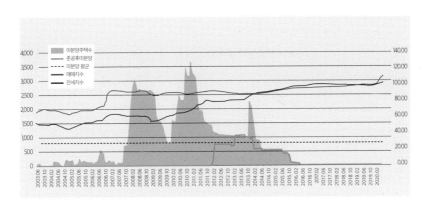

경기도 수원시 미분양 추이

경기도 수원시도 한 때 미분양이 엄청 많았다. 하지만, 지금은 거의 0
에 가까운 수치를 보이며 아름다운 모습을 보여주고 있다. 미분양 기준
으로 보았을 때, 아주 좋고 이미 상승장을 시작한 상태다. 아래 경기도
고양시와 용인시도 마찬가지로 비슷한 모습을 보인다.

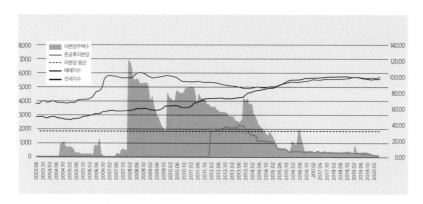

경기도 고양시 미분양 추이

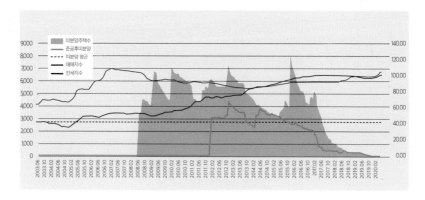

경기도 용인시 미분양 추이

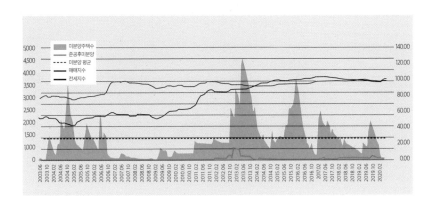

경기도 화성시 미분양 추이

경기도 화성시도 최근 미분양이 감소하면서 괜찮은 추이를 보이고 있다. 그러나 아직 미분양 평균보다 위로 갈 때도 종종 있기 때문에 잘 지켜봐야 한다. 경기도 하남시도 미분양이 거의 없는, 좋은 흐름을 보이고 있다.

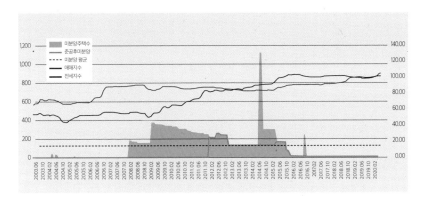

경기도 하남시 미분양 추이

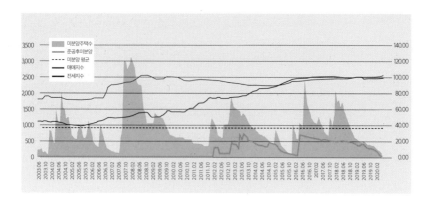

경기도 남양주시 미분양 추이

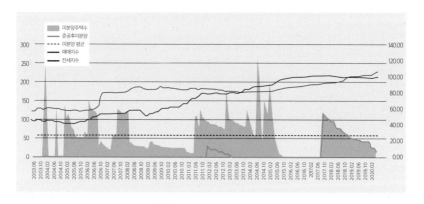

경기도 구리시 미분양 추이

그림에서 볼 수 있듯이 남양주시와 구리시는 최근까지 미분양이 평
균보다 많았다. 하지만 최근에 점점 줄어드는 추세이므로 관심을 가져
야 할 지역이다. 경기도 의정부시도 미분양 물량이 평균을 상회하지만,
나쁘지 않은 추이를 보인다. 의정부시, 구리시, 남양주 이 세 도시 모

두 미분양 물량이 현재는 평균 아래 있지만, 언제 또 급증할 수 있기 때문에 주의 깊게 관찰해야 한다.

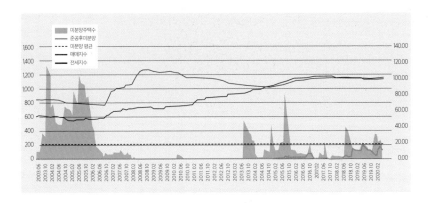

경기도 의정부시 미분양 추이

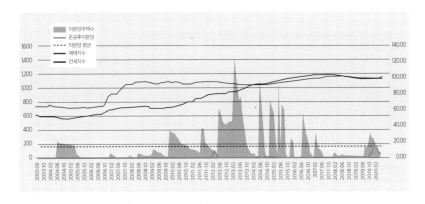

경기도 시흥시 미분양 추이

경기도 시흥시는 미분양 물량이 평균 아래에서 최근에 평균을 살짝

돌파했다가 내려오는 것을 볼 수 있다. 큰 수치는 아니라서 심각한 상황은 아니다. 경기도 시흥시의 다른 기준들이 좋다면 이런 일시적으로 나온 미분양은 무엇인지 제대로 살펴보는 것이 좋다. 부지런히 확인해보는 습관을 가져야 한다. 어쩌면 이런 곳에 기회가 있을 수 있다.

경기도 김포시와 파주시도 비슷한 모습으로 나쁘지 않은 추이를 보이고 있다.

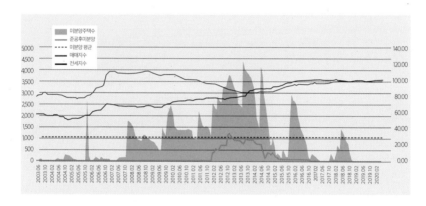

경기도 김포시 미분양 추이

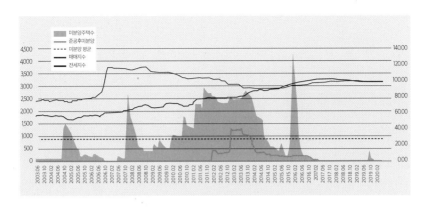

경기도 파주시 미분양 추이

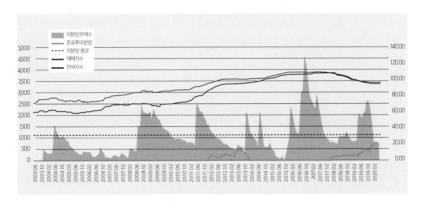

경기도 평택시 미분양 추이

경기도 평택시는 여태까지 힘든 구간을 보내다가, 최근에 미분양 물량이 평균보다 아래로 내려왔다. 만약 다른 조건들, 예를 들면 입주 물량이 급감하면서 평균보다 아래로 간다면, 바로 달려가서 현장을 확인해 보자.

이제 경기도를 벗어나서 인구수가 증가하는 다른 지역들을 살펴보자.

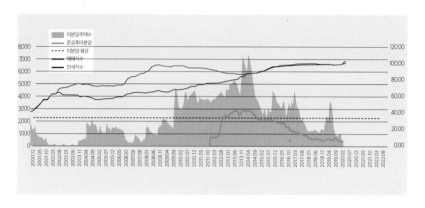

인천광역시 미분양 추이

평택에 이어서 재미있는 그래프가 나왔다. 인천광역시는 그동안 많았던 미분양이 해소되고 있는 모습을 보인다. 이러한 지역은 관심을 두고 지켜봐야 한다. 미분양 해소 속도가 나름 빠르고, 매매지수 또한 꼬리를 들고 있는 모습을 볼 수 있다.

세종특별자치시는 이제 미분양이 거의 없다. 옆에 있는 대전광역시를 살펴보자. 대전광역시 미분양 추이 그래프를 보면, 최근에 관리가 잘된 도시라는 느낌이 든다. 2011년부터 꾸준히 평균 수치 아래 있으면서 꾸준하게 조금씩 상승해왔다. 최근 입주 물량 감소로 대전광역시의 매매가가 급등했는데 이것은 뒤에서 입주 물량을 보면서 다시 한 번 살펴보자.

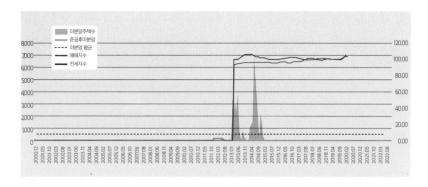

세종특별자치시 미분양 추이

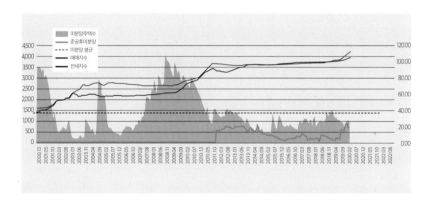

대전광역시 미분양 추이

충청남도 천안시는 미분양 물량이 급감하고 있는 도시다. 인구수는 늘어나고, 미분양은 줄어들고 있으니 당연히 관심을 가져야 하는 지역이다.

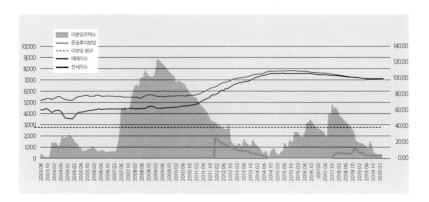

충청남도 천안시 미분양 추이

　이어서 충청북도 청주시는 계속 미분양 수치가 높다가, 최근에 급감했다. 탑동 재개발 힐데스하임의 성공적인 분양 완판으로 미분양 분위기 판세를 완전히 바꿔 버렸다. 충청남도 천안시 뒤를 이어서, 다음 타자로 충청북도 청주시가 따라갈 것이다.

　다음으로 충청남도 천안시와 충청북도 청주시 그래프 중에 2011년 미분양 급감 후, 매매지수가 어떻게 되었는지 확인해보자. 역사는 반복된다! 이러한 역사 속에 우리가 있다면, 수급에 의한 상승이 다시 재현될 거라면 흥분하지 않을 수 없다.

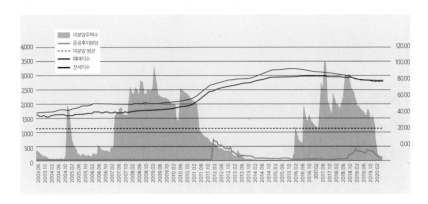

충청북도 청주시 미분양 추이

이렇게 미분양 지표를 봤는데 놀랍게도 수요가 늘어나는 지역들 중 중에 미분양이 넘치는 곳이 없다. 내가 원고를 쓰는 동안 미분양이 모두 사라졌다. 덕분에 글을 다시 썼다. 우리는 지금 유동성 장세와 더불어 본격적인 공급 부족인 실거주장에 있다.

수요&공급1 인구수 증가, 미분양 감소: 경기도1 (광주시, 수원시, 고양시, 용인 시, 화성시, 평택시, 남양주시, 구리시, 의정부시, 시흥시, 하남시, 김 포시, 파주시), 인천광역시, 세종특별자치시-대전광역시, 천안시, 청주시

수요&공급2 규모&희소성, 미분양 감소: 서울특별시, 경기도2 (광명시, 과천 시, 부천시, 성남시, 안양시, 군포시, 의왕시, 안산시)

제이크의 One Point Lesson

인구수가 증가하는 지역들 중에서 미분양이 감소하고 있는 지역을 선별해서 투자하자!

가장 중요한
누적 입주 물량을 확인하기

앞에서 미분양을 살펴보았다면, 이제는 정말 중요한 직접적으로 영향을 미치는 입주 물량을 살펴볼 차례다. 인구수 증가로 수요가 증가하는 지역과, 규모 있는 희소성 지역들 중에 공급이 줄어드는 곳을 한 번 찾아보자. 입주 물량 정보는 '부동산114', '네이버부동산', '부동산지인' 등 사이트에서 분양할 정보들을 가지고 엑셀로 정리한다.

각 시기별 입주 물량도 중요하지만, 무엇보다도 누적 입주 물량을 중요하게 봐야 한다. 특히 그 시기의 입주 물량만 확인해서는 그 지역이 이전에 있었던 입주 물량을 소화해냈는지, 앞으로 그 물량들을 소화할 수 있는지는 가늠하기 어렵다. 분양정보는 매주 업데이트될 수 있으니 참고해서 살펴보자.

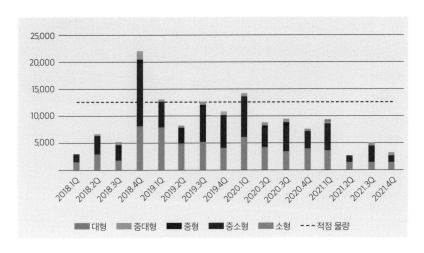

서울특별시 입주 물량 추이

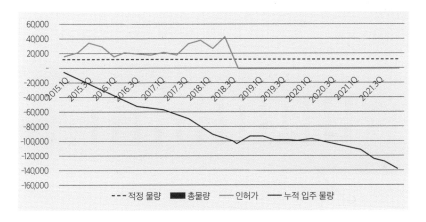

서울특별시 누적 입주 물량 추이

서울특별시에는 더 이상 건설을 할 수 있는 땅이 많지 않다. 누적 입주 물량이 계속 줄어드는 것을 볼 수 있다. 공급이 수요보다 계속 부족하니, 이렇게 대세 상승장을 맞이할 수밖에 없었다. 적정 수요량은 1장에서 간략하게 설명했지만, 대부분 사용하는 적정 물량 계산법을 따랐다. 적정 물량이 완벽하게 100퍼센트 맞는다고 보기는 어렵지만, 적정 수요량은 인구수를 곧 수요로 볼 수 있기 때문에 수요 대비 공급 물량을 확인하기에 괜찮은 기준 지표다. 여기서 누적 입주 물량은 적정 물량보다 공급이 많이 되면 올라가고, 적정 물량보다 공급이 적게 되면 내려간다. 즉, 계속해서 적정 물량보다 많이 공급된다면 공급의 피로감이 누적 되어서 누적 입주 물량이 쌓이게 될 것이다. 이와는 반대로 서울특별시처럼 계속해서 적정 물량보다 적게 공급된다면 누적 입주 물량 그래프는 내려가게 될 것이다. 우리는 이 누적 입주 물량 그래프 추이가 내려가기 시작하는 시점에 투자해야 한다.

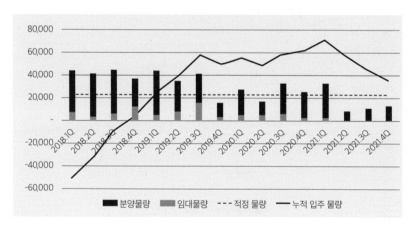

경기도 누적 입주 물량 추이

그동안 계속해서 공급이 줄어들고 있는 서울특별시가 많이 올랐다면, 경기도는 어떠한가? 신축만 올랐지, 기존 주택들은 서울특별시에 비해 별로 재미없지 않았는가? 그 이유는 공급에 있다. 경기도도 수도권으로 인구수와 직장수가 계속해서 늘어나고 있는, 수요가 증가하는 지역이다. 하지만 전체 공급 물량을 보았을 때, 수요량보다 2021년까지 누적 입주 물량이 늘고 있다. 2021년 1분기를 기점으로 누적 입주 물량이 급격하게 감소한다. 그동안 경기도는 입주 물량이 많았다는 뜻이다.

2021년 1분기 이후로는 수요 대비 공급 부족이 시작된다. 이제 경기도에도 공급 부족 사이클이 다가오고 있다. 2021년 1분기 이후부터 서울특별시가 많이 오른 만큼, 경기도도 키 맞추기를 하면서 따라갈 것이다. 물론 서울특별시를 뛰어 넘을 수는 없다. 다만 이전의 갭만큼 갭 메우기에 들어갈 가능성이 크다. 슬픈 현실이지만, 대한민국 전 국민이 서울에 살 수는 없다. 경기도에서 출퇴근하는 사람이 많을 수밖에 없다. 실거주장의 공급 부족 시기가 오면 경기도 역시 상승하게 된다.

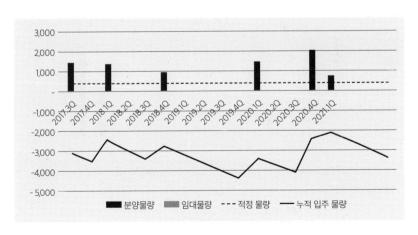

경기도 광명시 누적 입주 물량 추이

경기도 광명시도 한 번 분석해보자. 적정 물량보다 많은 공급 물량이 드문드문 있다. 이럴 경우에 누적 입주 물량이 일시적으로 올라가지만, 공급이 안 되는 시기가 있기 때문에 누적 입주 물량이 다시 내려온다. 매 분기 수요는 있는데, 공급이 아예 안 되기 때문이다. 이렇게 되면 그 입주하는 시기에는 흔들림이 있지만, 입주가 끝나면 또 공급이 없기 때문에 제 가격을 금방 찾아간다. 이런 도시들은 입주할 때, 3개월 잔금 조건으로 급매가 나오는 것도 있다. 과거에 그렇게 좋은 잠실 파크리오도, 헬리오시티도 잔금 때 급매물이 있었다.

하지만 이런 급매는 금세 사라지고, 바로 회복되기 마련이다. 누적 입주 물량 그래프가 올라가려다 다시 내려가기 때문이다. 경기도 과천시도 마찬가지로 광명과 비슷한 현상을 보인다. 이러한 곳들은 2020년 4분기~2021년 1분기 정도에 많은 단지들이 입주할 때, 일시적으로 급매를 잡는 것이 오히려 매수 타이밍이 될 수도 있다.

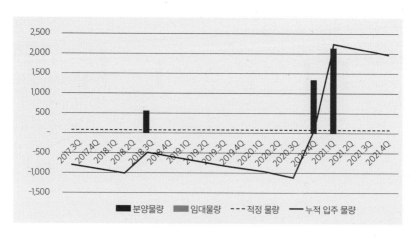

경기도 과천시 누적 입주 물량 추이

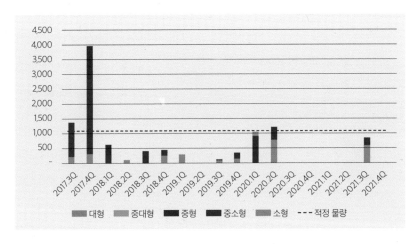

경기도 부천시 입주 물량 추이

경기도 부천시도 2020년 1~2분기를 지나면 입주 물량이 거의 없어서, 경기도의 큰 흐름과 같이 하고 있다. 간혹 가다가 3기 신도시를 걱정하는 사람이 있다. 실제로 신도시가 건설되고 분양하고 입주하기까지 최소 3년 이상 걸린다. 3년 후에 분양을 한다면 그때 분양 정보를 가지고 입주 물량을 분석해서 투자하면 된다. 사실 인허가 실적까지 확인한다면 많게는 6년까지 앞을 내다보고 투자할 수 있다.

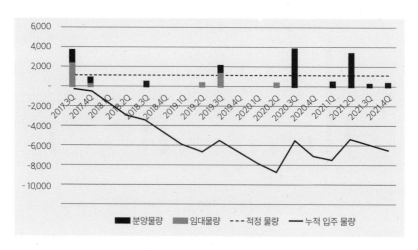

경기도 성남시 누적 입주 물량 추이

경기도 성남시도 광명시, 과천시와 비슷하게 입주 물량이 있다. 하지만 드문드문 있는 현상이기 때문에 곧 감소한다. 서울 근교에 있는 지역들은 희소성이 있어서 주택을 지을 땅이 많지 않다.

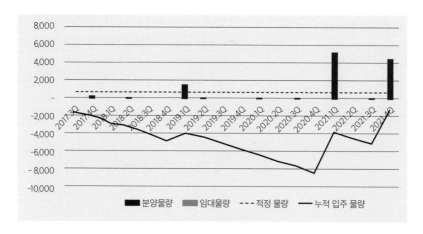

경기도 안양시 누적 입주 물량 추이

경기도 안양시는 2020년 4분기까지 아름답다. 수요 대비 공급이 계속 부족하기 때문에 매매가와 전세가가 오를 가능성이 높다. 투자를 해서 2020년의 상승을 즐기든가, 그게 아니라면 2021년 1분기와 4분기에 각각 입주 물량이 몰린 타이밍에 신축 아파트, 또는 입지 좋은 구축 급매를 잡을 수 있다. 안양시에서 실거주를 꿈꾸고 있는 사람이라면 더더욱 이 기회를 잡아보자.

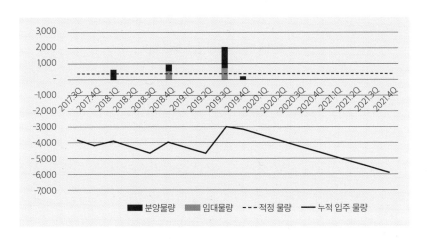

경기도 군포시 누적 입주 물량 추이

경기도 군포시도 안양시에서 가깝다. 2019년 3분기를 기점으로 누적 입주 물량이 꺾인 것을 볼 수 있다. 2019년에는 힘든 시기가 있었을 것이다. 하지만 2020년부터 공급 부족 사이클을 맞이한다.

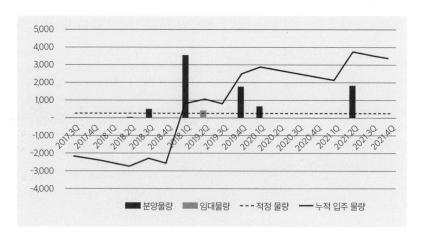

경기도 의왕시 누적 입주 물량 추이

경기도 의왕시도 안양시와 비슷하다. 2019년에는 공급 물량이 많았지만, 2020년에는 공급 물량이 거의 없는 것을 볼 수 있다. 2021년 1분기까지 좋은 시절을 보낼 것이다. 2021년 2분기 때, 잔금을 치르지 못하고 나오는 급매가 있다면 적극적으로 노려보자. 2021년 이후부터 경기도 전체 지역에 공급 부족 사이클이 올 것이다. 이때를 놓치지 말자.

다음으로 경기도 안산시를 살펴보자. 안산시의 누적 입주 물량은 2020년 4분기를 기점으로 꺾인다. 2021년부터는 공급적인 측면에서 괜찮은 지역이다.

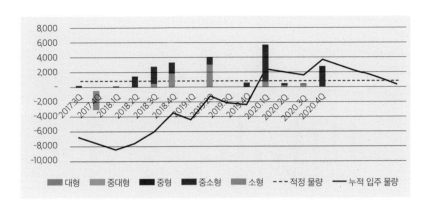

경기도 안산시 누적 입주 물량 추이

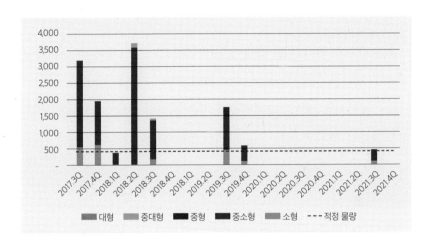

경기도 광주시 입주 물량 추이

경기도 광주시는 성남시 바로 옆에 있지만 성남시 만큼 많이 오르지 않았다. 그동안 입주 물량이 상당히 많았기 때문이다. 하지만 2020년부터는 입주 물량이 거의 없다. 관심을 가져보자.

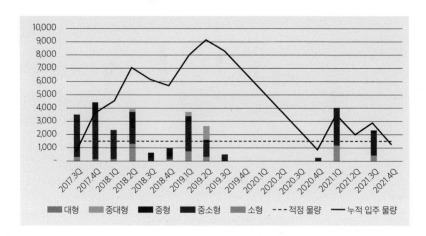

경기도 수원시 누적 입주 물량 추이

2019년에 필자가 가장 좋게 보았던 곳이 경기도 수원시와 대전광역
시였다. 경기도 수원시는 본격적인 실거주장이 시작된 곳이다. 2019년
2분기 이후부터 2020년 4분기까지 공급이 거의 없다. 그 뒤로도 누적
입주 물량은 감소 추세인 것을 볼 수 있다. 앞으로 계속 상승세를 탈 지
역이다.

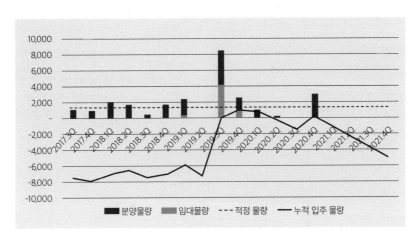

경기도 고양시 누적 입주 물량 추이

경기도 고양시는 2019년 3분기까지 어마어마한 양의 입주 물량을 끝으로 누적 입주 물량이 감소 추세로 돌아섰다. 조정 지역까지 해제되면서 분위기가 달라졌다.

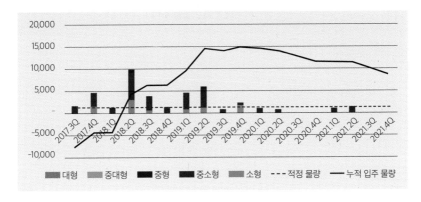

경기도 용인시 누적 입주 물량 추이

경기도 용인시도 2019년까지 입주 물량이 증가하다가, 2020년부터 점점 감소하는 추세에 있다.

경기도 화성시는 다음과 같이 2021년도까지 입주 물량이 종종 있는 상태로 2021년까지 해소되지 않을 전망이다. 공급적인 측면에서 화성시는 2022년에 다시 살펴봐야 한다.

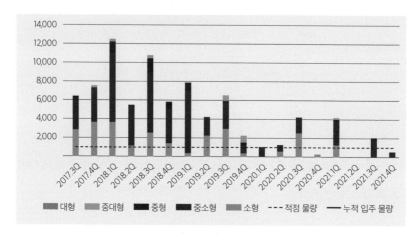

경기도 화성시 입주 물량 추이

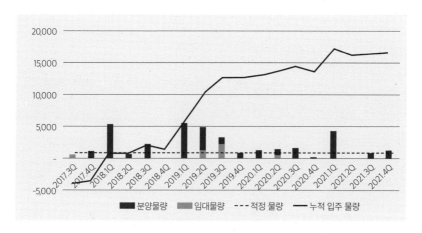

경기도 남양주시 누적 입주 물량 추이

경기도 남양주시는 아쉽지만 누적 입주 물량이 아직 감소 추세에 있다고 보기 어렵다. 차라리 아래 그래프처럼 입주 물량이 조금씩 내려가고 있는 구리시가 공급 관점에서는 더 괜찮아 보인다.

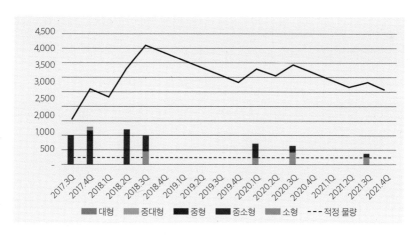

경기도 구리시 누적 입주 물량 추이

경기도 구리시는 그동안 입주 물량이 많았지만, 이제 감소 추세로 돌아섰다.

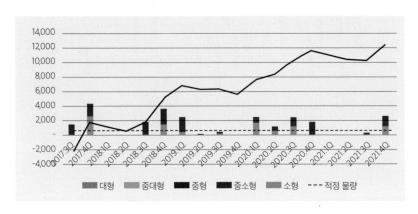

경기도 의정부시 누적 입주 물량 추이

경기도 의정부시는 신축으로 인하여 공급량이 계속 많은 곳이다. 이렇게 누적 입주 물량이 쌓이는 곳은, 고수가 아닌 이상 절대 추천하지 않는다. 나도 의정부시에 투자해서 수익을 본 경험이 있다. 하지만 일시적인 과다 공급 시기에 급매를 잡아서, 공급량이 없는 황금 같은 타이밍에 팔아야 한다. 성공하면 짜릿하지만, 실패하면 귀중한 투자 금액이 오랫동안 묶여 있을 수 있다. 초보자라면 이렇게 입주 물량이 쌓이는 곳보다 줄어드는 지역에 투자해야 한다.

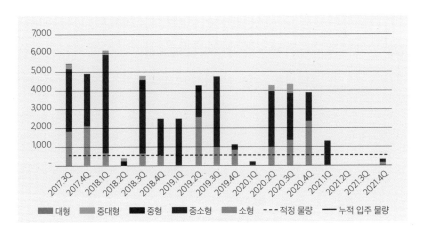

경기도 시흥시 입주 물량 추이

경기도 시흥시도 마찬가지다. 교통과 관련된 호재가 많아서 좋은 지역 중 하나다. 2020년까지 과다하게 공급된 물량을 볼 수 있다. 하지만 2021년부터 공급이 끊기기 때문에 미리미리 관심을 두고 지켜봐야 한다.

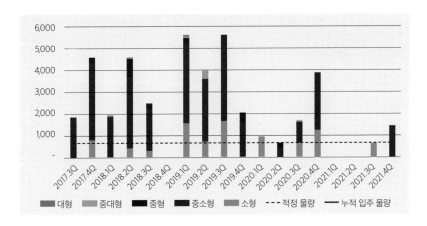

경기도 평택시 입주 물량 추이

경기도 평택시는 2020년부터 2021년까지 입주 물량이 많아서 누적 입주 물량이 줄어들지 않는다. 공급량을 해소하기까지 꽤 시간이 걸릴 것으로 보인다. 평택시는 2022년부터 다시 살펴보자.

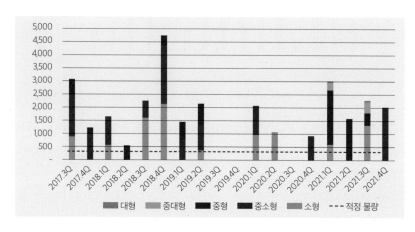

경기도 하남시 입주 물량 추이

경기도 하남시도 마찬가지다. 서울과 가깝기 때문에 요즘 들어 각광을 받고 있지만, 2021년까지도 입주 물량이 많다. 공급적인 측면에서 2022년 이후에나 다시 살펴보도록 하자.

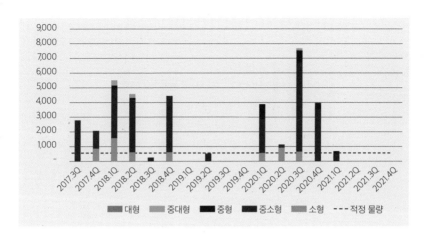

경기도 김포시 입주 물량 추이

김포시는 다른 도시와 달리 재미있는 공급 사이클을 볼 수 있다. 2018년에는 과다 공급으로 인하여 힘들다가, 2019년에 공급 물량이 없어서 조금 회복하고, 다시 2020년에 공급이 늘어날 예정이다. 그런데 2021년부터 다시 공급이 줄어들 것이다. 2020년 4분기나 2021년 1분기 때 급매를 노려보는 것도 괜찮은 전략이다.

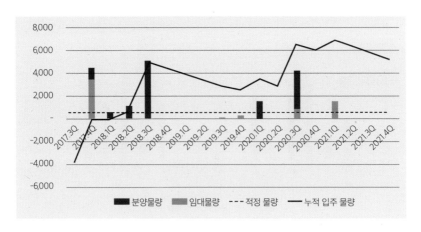

경기도 파주시 누적 입주 물량 추이

경기도 파주시는 입주 물량이 드문드문 있지만, 누적 입주 물량 그래프 추세는 올라가고 있다. 그 도시마다 소화할 수 있는 적정 물량이 있는데, 파주시는 한 번에 공급되는 양이 너무 많기 때문이다. 적당하게 공급되면 좋은데, 가끔이지만 한꺼번에 너무 많이 공급되어서 피로도가 높다. 누적 입주 물량이 아직 감소하지 않는 추세에 있는 화성시, 남양주시, 의정부시, 시흥시, 평택시, 하남시, 파주시를 제외하고 경기도는 큰 틀에서의 공급 사이클과 맞는다.

한 가지 오해하지 말아야 할 것이 이 지역들이 안 좋다는 것이 아니다. 필자가 앞에서 수요가 증가하는 지역이라고 말했던 곳이다. 다만 지금은 기다려야 할 타이밍이다. 지역마다 사이클이 모두 다르다.

이 책을 집필하는 동안에는 가까운 미래인 2020년부터 2023년까지를 살펴보았다. 먼저 2023년도까지 어떻게 분석해야 하는지 공부한 뒤에 제외했던 곳들을 다시 살펴보도록 하자. 앞으로도 기회는 계속 있다.

수요&공급1 인구수 증가, 미분양 감소, 누적 입주 물량 감소: 경기도1(광주시, 수원시, 고양시, 용인시, 구리시, 김포시), 인천광역시, 세종특별자치시-대전광역시, 천안시, 청주시

수요&공급2 규모&희소성, 미분양 감소, 누적 입주 물량 감소: 서울특별시, 경기도2(광명시, 과천시, 부천시, 성남시, 안양시, 군포시, 의왕시, 안산시)

지금까지 서울특별시와 경기도를 살펴보았다면, 인천광역시, 대전광역시, 세종특별자치시, 충청남도 천안시, 충청북도 청주시도 한 번 분석해보자.

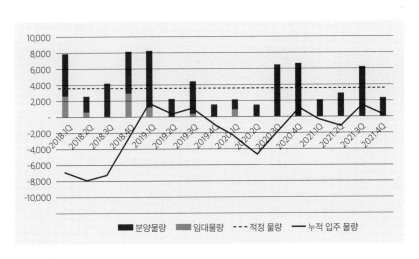

인천광역시 누적 입주 물량 추이

인천광역시는 누적 입주 물량의 그래프가 들쭉날쭉한 것을 볼 수 있다. 공급되는 물량이 일정하지 않기 때문이다. 아주 좋다거나 나쁘거나 할 수 없는 현상이다. 필자는 누적 입주 물량이 감소하고 있는 지역을 선호한다.

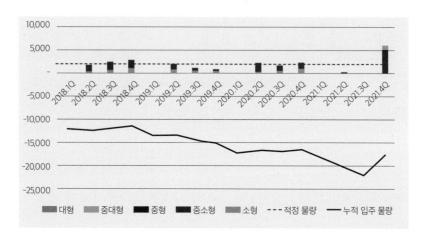

대전광역시 누적 입주 물량 추이

대전광역시는 2019년부터 누적 입주 물량이 계속 감소해서 크게 상승한 곳이다. 2021년까지 공급량이 부족하기 때문에 상승 장세에 있다. 다만 2021년 4분기에 과다 공급이 예상된다. 이때는 조심하도록 하자.

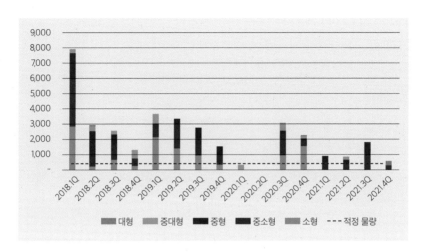

세종특별자치시 입주 물량 추이

세종특별자치시는 대전에 영향을 많이 끼친 곳으로 그동안 입주 물량이 어마어마하다. 인구수가 계속 증가하는 만큼 수요도 상승하고 있는 도시지만, 공급량이 더 많다. 2018년~2019년보다 2020년~2021년에 공급량은 감소할 것이지만, 그럼에도 누적 입주 물량 관점에서 추천하는 곳은 아니다.

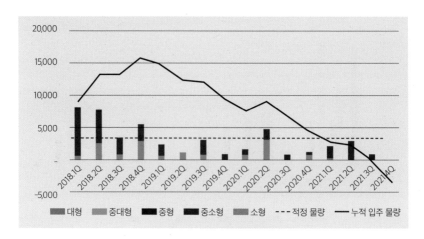

충청남도 누적 입주 물량 추이

충청남도는 누적 입주 물량이 꺾이기 시작한지 꽤 되었다. 현재 계속 감소하고 있으며 상승장에 있다. 충청남도라고 하면 멀게 느껴지지만, 수도권에서 천안까지 KTX로 1시간 정도 걸린다. 충청남도를 대표하는 천안시를 자세하게 들여다보자.

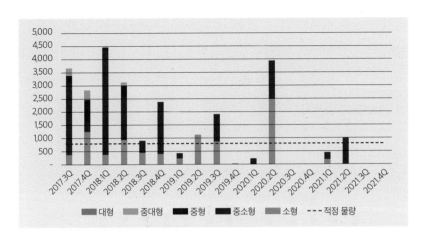

충청남도 천안시 입주 물량 추이

충청남도는 누적 입주 물량 그래프가 감소하고 있지만, 천안시는 2019년 3분기까지 입주 물량이 많았다. 2019년 4분기와 2020년 1분기 때 공백기여서 신축 위주로 상승장에 있다. 2020년 2분기에 많은 입주 물량이 기다리고 있다. 두정역 효성해링턴플레이스 등 수천 세대 입주가 있다. 아직 천안시에 투자하지 않았다면, 이 시기에 급매물을 노려보자. 2020년 2분기에 입주하는 신축 아파트뿐만 아니라 이주하는 사람들 때문에 다른 아파트들이 급매로 나올 확률이 크다.

분양 받은 새 아파트로 이사를 가려면, 기존에 살고 있는 아파트가 팔려야 갈 수 있기 때문이다. 만약 살고 있는 아파트가 잘 팔리지 않는다면, 급매로 내놓을 수밖에 없다. 게다가 분양권 투자를 한 상태에서 투자자들이 잔금을 치룰 때 입주 기간과 겹친다면 전세를 주기 어렵게 된다. 그렇게 되면 예상하지 못한 투자 금액이 더 들어가게 되므로 반드시 급매가 나올 수밖에 없다. 이런 급매물도 주시하자. 부지런한 자가 더 많이 얻어갈 수 있다. 2022년부터 탕정지구 입주가 있으니, 이때를 위해 기다리든가, 아니면 지금 투자하고 2022년 전에 매도를 하든가 철저하게 계획을 세워보자.

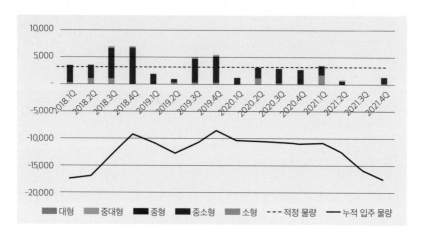

충청북도 누적 입주 물량 추이

다음으로 충청북도를 살펴보자. 앞에서 분석한 누적 입주 물량 추이 그래프들을 통해 벌써부터 느껴지는 게 있을 것이다. 이번에는 특히 충청북도의 청주시를 자세히 보려고 한다.

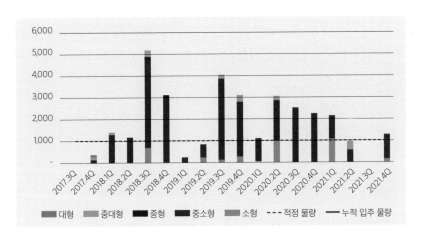

충청북도 청주시 입주 물량 추이

충청북도 청주시는 2020년까지도 공급량이 무척 많다. 그러나 2021년 1분기 이후부터 공급이 줄어들기 시작한다. 아직 투자하기 이르다고 생각이 들지만, 2021~2022년에 입주하는 분양권 투자를 미리 해놓으면 쏠쏠할 것이다. 특히 2020년에 입주 물량이 쏟아질 때 저렴한 가격에 급매로 매수해서 세를 놓은 후, 2022년에 매도한다면 어떨까? 당신의 상상에 맡기겠다.

개인적인 생각으로 충청남도 천안시와 아산시에 기회가 있다고 생각한다. 충청남도는 늦었다고 생각하는 사람들이 있는데, 그렇다면 충청북도 청주시를 생각해보길 바란다. 너무 일찍 투자해서 투자자들의 무덤이라고 소문난 곳이지만, 이제는 그 타이밍이 오고 있다. 기회의 땅 청주시를 다시 한 번 살펴보길 바란다.

입주 물량 관점에서 그렇게 좋지도 나쁘지도 않은 인천광역시와 세종특별자치시를 제외하면 다음과 같은 투자처를 추릴 수 있다.

제이크의 One Point Lesson

수요와 공급 관점에서 투자처는 아래와 같다.

- **수요&공급1** 인구수 증가, 미분양·입주 물량 감소: 경기도1(광주시, 수원시, 고양시, 용인시, 구리시, 김포시), 대전광역시, 천안시, 청주시
- **수요&공급2** 규모&희소성, 미분양·입주 물량 감소: 서울특별시, 경기도2(광명시, 과천시, 부천시, 성남시, 안양시, 군포시, 의왕시, 안산시)

2023년까지 사고팔 최적의 타이밍 전략

　이제 누적 입주 물량으로 살펴본 지역들의 매수와 매도 타이밍을 정리해보자. 입주 물량이 감소하는 시점을 매수 타이밍으로 보고, 1~2년 뒤에 매도한다고 생각하고 분석해보자. 물론 굳이 매도하지 않아도 되는 지역들은 계속 가져갈 수도 있다.

수요&공급1 　**인구수증가, 미분양/입주 물량 감소:** 경기도1 (광주시, 수원시, 고양시, 용인시, 구리시, 김포시), 대전광역시, 충청남도 천안시, 충청북도 청주시

수요&공급2 　**규모&희소성, 미분양/입주 물량 감소:** 서울특별시, 경기도2 (광명시, 과천시, 부천시, 성남시, 안양시, 군포시, 의왕시, 안산시)

	2020년	2021년 1분기	2022년	2023년
서울특별시 경기도 (부천시, 성남시, 안양시, 군포 시, 의왕시, 광주시, 수원시, 용인시, 고양시)	매수			
경기도 (광명시, 과천시, 구리시, 안산시, 김포시)		매수		
대전광역시	매수		매도	
충청남도 천안시	매수		매도	
충청북도 청주시	매수		매도	

이미 큰 흐름은 다 정해져 있다. 정해진 수요와 공급 데이터들을 보고, 앞으로 3년 투자 계획을 세울 수 있다. 단기간으로 매수 매도 계획을 말했지만, 사실 인구수가 계속해서 증가하는 위 지역들은 2030년까지 장기적으로 가져가도 된다. 매수와 매도를 계속하면 취득세, 양도세, 중개수수료 등 고정비용이 계속 발생하기 때문에 부담이 되는 건 사실이다. 대부분의 사람이 장기적으로 투자하지 않기 때문에 단기간 수익을 볼 수 있는 방법을 알려주었다.

조금 더 자세한 타이밍을 보고 싶다면 매수우위지수 골든 크로스 지점을 확인해야 한다. 매수우위지수는 KB부동산에서 매주 발표를 하는데, 심리와 거래량 지표와 비슷하다고 생각하면 된다. 특히 골든 크로스 기법은 주식 투자를 할 때도 많이 활용하는 것으로, 이동 평균선들이 만나는 지점에서 바닥을 다지고 상승을 시작하면, 이때를 투자 타이밍으로 본다. 매수우위지수를 활용해서 이동 평균선을 그려보면 서울은 2013~2014년에 골든 크로스가 발생했었다. 지금 시점에서 데드 크로스가 발생하는지, 아니면 2차 상승에 들어가는지 좀 더 지켜봐야 한다.

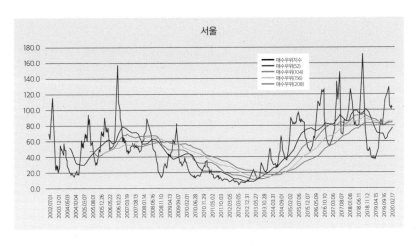

서울특별시 KB 매수우위지수 이동 평균선 추이

매수우위지수가 파란색 선이고, 나머지 빨간색, 주황색, 노란색, 초록색 선들은 매수우위지수의 이동 평균선을 나타낸다. 이렇게 이동 평균선들이 모이는 지점을 골든 크로스상승 시작나 데드 크로스하락 시작라고 부른다.

만약 서울을 매수하기 부담스럽다면, 평균선 추이가 서울보다 미미한 경기도를 살펴보자. 경기도는 누적 입주 물량이 2021년부터 꺾이면서 본격적인 상승 장세를 기다리고 있다. 역시 매수우위지수도 현재 에너지를 모으는 모습을 볼 수 있다. 모든 우위지수들이 모이고 상승 전환

한다면, 경기도의 시대가 온 것이다. 곧 경기도의 시대가 올 것이다. 꾸준히 지켜보고 대비하도록 하자.

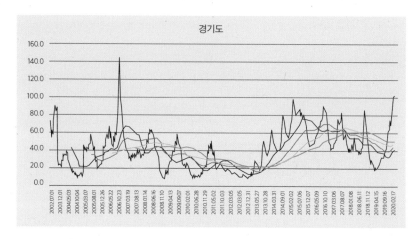

경기도 KB 매수우위지수 이동 평균선 추이

대전광역시 KB 매수우위지수 이동 평균선 추이

대전광역시의 경우 골든 크로스가 발생하고 나서, 상승장이 진행 중이다. 이 분위기를 타고 좀 더 상승할 여력이 남아 있는 것 같다. 그렇다면 이제 막 골든 크로스가 발생한 지역들은 없을까? 있다! 바로 충청남도와 충청북도다.

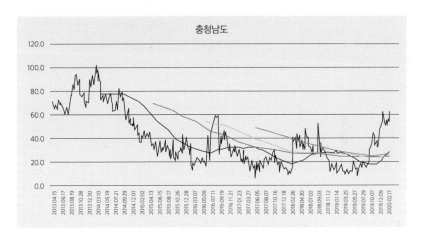

충청남도 KB 매수우위지수 이동 평균선 추이

골든 크로스가 발생하고, 매수우위지수가 올라가는 모습이 아름답지 아니한가?

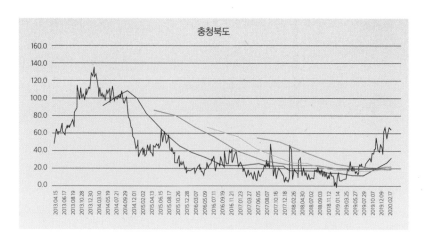

충청북도

충청북도 KB 매수우위지수 이동 평균선 추이

자, 어떤가? 소름 돋는 이 그래프를 보고 어떠한 생각이 드는가? 충청남도와 충청북도의 이동 평균선들이 무척 아름답게 모이고 있는 것을 볼 수 있다. 곧 대세 상승 장세가 닥칠 것이다. 이런 방법으로도 사람들의 심리와 거래량이 담긴 매수우위지수의 전체적인 흐름을 파악할 수 있다.

제이크의 One Point Lesson

누적 입주 물량과 KB 매수우위지수 이동 평균선 추이로 큰 흐름을 파악하고, 투자 계획을 세우자. 골든 크로스 데드 크로스 등, 매수와 매도의 최적 타이밍을 찾는 연습을 계속해야 한다.

최적의 타이밍을 결정할 때
확인해야 할 3가지

　마지막으로 매수할 때 최적의 타이밍을 확인하려면 투자심리, 거래량, 상승에너지를 보고 결정해야 한다. 매수우위지수와 비슷하게 매수지수와 매도지수를 KB부동산에서 매주 발표한다. 그래서 이 지역이 현재 매수 우위 시장인지, 매도 우위 시장인지를 알 수 있다. 매도 심리가 내려오고, 매수 심리가 붙기 시작하면 시장이 달궈지고 있다는 이야기다. 앞에서 설명한 매수우위지수랑 비슷한 지표라서 필자는 매수우위지수를 주로 보고 있다.

KB부동산 통계 자료

그렇다면 이 매수우위지수는 무엇과 가장 연관되어 있을까? 매수 우위 시장에서 매수를 하고 싶은 투자자의 심리와 연관되어 있다. 즉, 거래량과도 연동된다. 거래량 역시 KB부동산에서 매매 거래 동향 중에 매매거래지수를 보면 알 수 있다. 앞에서 매수우위지수를 살펴보았으니, 이번에는 거래량을 한 번 분석해보자. 거래량 역시 KB부동산 통계자료에서 주간 KB주택시장동향을 보면 수치를 확인할 수 있다.

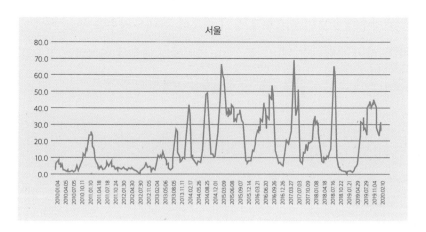

서울

서울특별시 KB 매매거래지수 추이

어떠한가? 매수우위지수, 매매심리지수, 매매거래지수 모두 관련되어 있고 비슷한 추이를 보인다. 매매 거래량이 늘어나면 그 지역 시장이 뜨거워지고 있다는 뜻이고, 거래량이 죽으면 심리가 얼어붙었다는 의미다. 현명한 투자자라면 최소 거래량일 때 매수해서, 최대 거래량에 매도해야 한다. 즉, 매수는 우울할 때, 매도는 박수칠 때 해야 한다.

그 다음으로 지역의 비축된 에너지를 알 수 있는 상승 에너지 지표가 있다. 이 지표도 KB부동산에서 매주 발표하는 아파트 매매가격지수와 전세가격지수를 참고해서 만든다. 매매지수는 매매가격과 연관이 있고, 전세지수는 전세가격과 관련되어 있다. 여기서 그 지역의 에너지가 상승한다는 것은, 실거주자들이 실제로 거주하고 싶은 실질적인 지표인 전세지수가 높아질 때, 그리고 추가적으로 매매지수가 아직 오르지 않았을 때를 의미한다. 즉, 투자자 관점에서 그 지역의 비축된 에너지는 전세지수가 오르면 오를수록 좋기 때문에 플러스 점수를 주고, 매매지수가 많이 올랐다면 에너지를 이미 써버렸기 때문에 마이너스 점수를 준다. 어려운 것 같지만 간단한 계산법을 사용하면 쉽다.

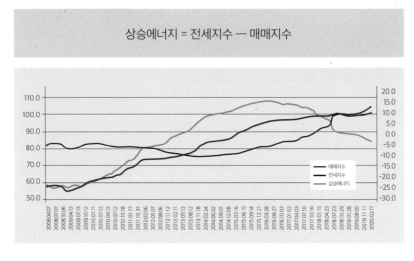

서울특별시 KB 매매지수 및 전세지수 추이

서울특별시를 먼저 분석해보자. 빨간색 선이 KB부동산에서 매주 발표하는 매매지수, 파란색 선이 전세지수다. 매매지수가 오르는 진폭이 전세지수가 오르는 폭보다 크다. 특히 2017~2019년에 매매지수는 급증하였으나, 전세지수는 완만한 곡선을 이루었다. 다시 말하면, 전세가가 오르는 것보다 매매가가 훨씬 많이 올랐다는 것이다. 초록색 선이 상승 에너지인데, 전세지수에서 매매지수를 뺀 지표다. 이것을 보면 2017년까지 그동안 비축했던 에너지를 2017년부터 사용하고 있는 것을 확인할 수 있다. 이 지표를 활용하면 이렇게 그 지역 시장의 상승 에너지가 어디까지 비축되어 있고 얼마만큼 썼는지를 알 수 있다. 모든 것엔 에너지가 있고 유효하다. 가격이 무한한 것은 없으며 영원한 것도 없다. 앞으로 상승할 수 있는 비축된 에너지를 잘 확인해보자.

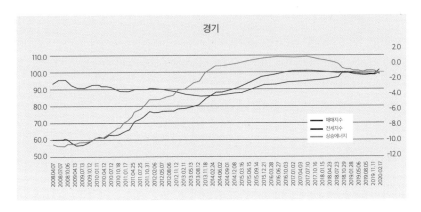

경기도 KB 매매지수 및 전세지수 추이

경기도는 덩치가 매우 커서 변화도 느리다. 그동안 상승 에너지를 많이 비축했지만, 약간만 사용한 상태다. 즉, 매매지수보다 전세지수가 더 많이 올라갔다. 경기도에 대세 상승장이 오면 이러한 에너지들을 사용할 것이다. 매매지수가 어느새 꼬리를 들고 있다.

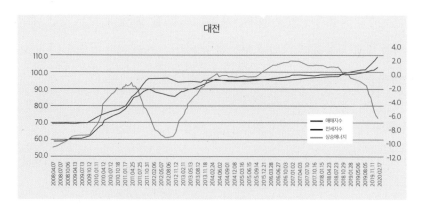

대전광역시 KB 매매지수 및 전세지수 추이

2018~2019년에 이미 많이 상승한 대전광역시는 매매지수가 확 올라가버리니, 그동안 비축된 상승 에너지를 쓰고 있는 중이다. 과거를 보았을 때, 아직 사용할 에너지가 남아 있기 때문에 수익을 조금 더 볼 수는 있다. 하지만 서울처럼 이미 어느 정도 에너지를 쓴 상태이기 때문에 이 부분을 인식하고 투자해야 한다.

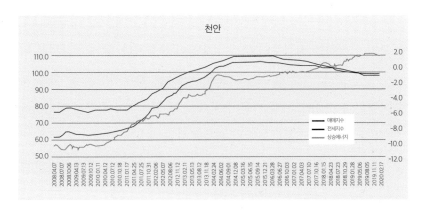

충청남도 천안시 KB 매매지수 및 전세지수 추이

그렇다면 충청남도 천안시는 어떠한가? 계속해서 상승 에너지를 비축해왔다. 대장 지역들은 이미 많이 올랐지만, 전체적으로 오르는 대세 상승 장세는 이제 시작될 것으로 보인다. 앞으로 어느 정도 상승 에너지를 쓰면서 올라갈 것이다.

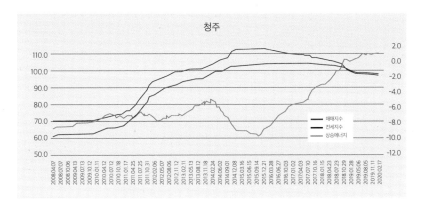

충청북도 청주시 KB 매매지수 및 전세지수 추이

충청북도 청주시는 어떨까? 아름답지 아니한가? 비축된 상승에너지를 쓰기 시작하는 시점부터 대세 상승장이 시작된다. 앞에서 살펴본 미분양, 입주 물량, 골든 크로스 등 모든 지표들이 OK 사인을 줄 때, 투자를 시작하자. 투자도 확률 싸움이다. 내가 계속해서 여러 가지 데이터를 보여주는 이유는 확률을 높여서 싸움에서 승리하기 위해서다. 큰 돈이 들어가는 부동산 투자에서, 이 정도의 분석은 기본이다. 철저하게 준비하자.

이렇게 크게 지역별로도 볼 수 있지만, KB부동산 통계 자료에 시군구, 심지어 아파트 단지 하나마다 매매지수, 전세지수를 볼 수 있다. 이렇게 엑셀로 정리해서 보면, 시군구는 물론 아파트 단지에 대해서 상승에너지를 분석해볼 수 있다. 스스로 투자하고 싶은 지역과 매입하려고 하는 아파트의 상승 에너지를 분석해보자.

제이크의 One Point Lesson

심리를 나타내는 매수우위지수가 상승할 때, 거래량이 최소에서 조금씩 상승 전환 했을 때, 축적된 상승 에너지를 쓰기 시작 할 때, 그 타이밍을 잘 잡아서 예술적인 최고의 투자를 만들어 보자!

한국감정원에서도 아파트 매매 거래량을 확인할 수 있다. 차트로도 나오므로, 직관적으로 볼 수 있어서 좋다.

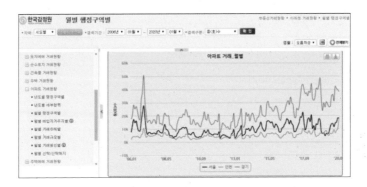

서울 경기 인천 한국감정원 아파트 거래현황 추이

　그림에서 볼 수 있듯이 아파트 거래현황 즉, 거래량은 매수우위지수와 비슷한 모양을 갖는다. 왜 그럴까? 심리와 연관되어 있는 매수우위지수는 거래량과 밀접한 관련이 있다. 매수하고 싶은 심리 또는 매도하고 싶은 심리가 거래량으로 이어지기 때문이다. 대중들의 심리가 사고 싶으면 거래량이 터지는 것이다.

　반대로 모두 팔고 싶어한다면, 아파트는 안 팔린다. 그때는 오히려 거래량이 떨어진다. 사고 싶은 심리가 강해야, 매수우위지수가 올라가고, 그것이 거래량으로 이어진다. 우리는 최소 거래량에서 조금 심리가 올라오기 시작할 때, 매수를 해서 최대 거래량 즉, 대중들이 환호할 때 매도하자. 그게 바로 대중들의 심리를 이용해서 수익을 내는 비결이다.

Chapter 4

그래서 어디에
투자해야 할까?
(나무 살펴보기)

3장에서는 숲을 보는 방법을 살펴보았다. 숲을 보고 투자할 지역들을 찾는 방법을 선정했다면, 4장에서는 나무를 보는 방법을 분석해보자. 투자할 지역들 중에서 실제 투자해야 할 곳들을 찾아보자.

부동산 투자의 새로운 패러다임
: 저평가 순환주택 시세링크 투자

숲을 보는 방법을 알고 지역을 선정하는 것도 어렵지만, 나무를 보는 법을 제대로 알려주는 빅데이터 책은 없다! 실제로 투자할 지역들 중에서도 정말 집중해야 할 곳들이 있다. 정보화 시대에 투자 지역을 추천하는 사람들이 많아지면서 투자자 쏠림현상이 종종 보이고 있다. 모두 똑같은 곳에서 경쟁한다면, 서로 힘들 것이다. 그렇다면 투자할 유망한 지역들 중에서 남들보다 한 발짝 앞서서 수익률을 높일 수 있는 방법은 없을까?

투자의 패러다임을 바꿔야 한다. 누구나 하는 아파트 갭 투자가 아닌, 개발 이슈와 이주 수요 혜택을 받는 순환주택들의 시세를 비교하고 평가해서 투자해야 한다. 즉, 아파트 외에 분양권, 재개발, 재건축, 리모델링 등 정비사업이 활발한 지역을 주시해야 한다. 혹여 자신이 아파트만 투자할 것이라고 해도, 이러한 순환주택들을 자신만의 기준으로 함께 비교하면서 저평가 주택을 찾아내야 한다.

우선, 이렇게 정비현황이 활발한 지역에서 투자를 한다는 것은, 인프라가 좋아지는 곳에 투자한다는 것이다. 구도심이자 원도심 속에 새로운 생활 기반이 갖춰진다. 그곳에 계속 살고 있는 사람들은 어떻게 바뀌는지 상상하기 힘들다. 바뀌고 나서 많이 좋아졌다고 느끼면, 이미 가격이 많이 오른 상태일 것이다. 투자를 하려면 철저한 분석과 미래가 어떻게 바뀔지 머릿속으로 그림을 그려볼 수 있는 상상력이 필요하다.

순환주택은 돌고 도는 원형 순환 구조를 가졌다. 구축 아파트나 구축 주택이 오래 되면 재건축이나 리모델링, 재개발을 진행한다. 이러한 정비사업이 성공적으로 진행되면, 분양권의 형태를 거쳐서 신축 아파트로 다시 태어난다. 신축 아파트가 시간이 지나면, 준신축 아파트가 되고, 또다시 구축 아파트가 된다. 이렇게 주택도 순환 구조를 갖고 돌고 돈다.

순환주택 투자: 원형 순환 구조

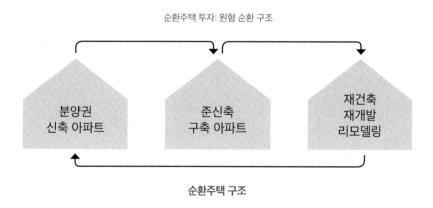

순환주택 구조

이렇게 순환주택이 돌고 도는 과정 속에 수많은 기회들이 있다.

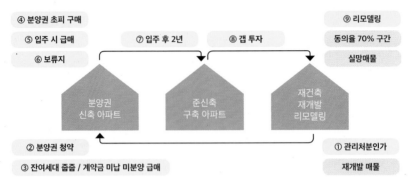

순환주택 구조

　어느 지역에서 재개발 매물이 저평가라고 해도, 다른 지역에서는 준신축 아파트가 저평가일수도 있다. 우리가 선정한 상승 지역들의 지역마다 순환주택들은 살아있는 생물처럼 서로 고평가 구간과 저평가 구간을 반복한다. 이러한 과정 속에서 기회를 잘 포착해야 한다.

　또, 자신이 진정으로 실거주하고 싶은 곳이 있다면 그 주택의 순환 과정을 지켜보자. 위의 그림과 같이 순환주택이 돌고 도는 과정 속에서 기회가 있다. 관리처분인가를 받은 재개발 주택이 분양권이 되어서 청약을 한다고 예를 들어보자. 자신이 정말 살고 싶었지만 청약에 실패했다면, 청약 부적격자로 나온 잔여 세대나 미납 급매를 잡을 수도 있다. 그때도 기회를 놓쳤다면, 분양권 상태에서 초기 프리미엄을 주고 구매할 수도 있고, 그 단지에 입주할 때 잔금을 못 치러서 나오는 급매를 잡을 수도 있다. 그 외에도 〈순환주택 구조〉의 그림처럼 투자할 기회는 얼마든지 있다.

　그런데, 주택마다 형태가 모두 다른데 어떻게 비교 평가를 할 수 있을까? 아파트는 아파트끼리, 재개발은 재개발끼리 비교해야 하는 것 아닐까? 저평가 순환주택 시세링크 투자법은 이 모든 순환주택들을 비교 평가할 수 있다. 큰 틀에서 뉴 패러다임으로 저평가 순환주택을 찾아낼 수 있는 것이다. 저평가 순환주택을 찾기 위해서는 우선 이렇게 구축 아파트, 준신축 아파트, 신축 아파트, 분양권, 재개발, 재건축, 리모델링 등 정비사업이 활발한 지역을 택하는 것이 좋다.

알기 쉽게 예시를 바로 살펴보자. 우선 경기도 광명시를 먼저 살펴보자. 경기도 광명시는 재건축, 재개발, 분양권, 구축 아파트, 준신축 아파트, 신축 아파트가 공존하는 정비사업이 활발한 구역 중에 한 곳이다.

2020년 1분기 경기도 광명시 전용면적 59m² 순환주택 시세링크 투자 지도

2020년 1분기 경기도 광명시 59제곱미터 기준 순환주택들을 이렇게 지도에 놓고 가격을 비교 평가할 수 있다. 이렇게 입지를 확인한다면, 저평가 주택을 쉽게 찾아낼 수 있다. 매매가와 전세가만 알아도 투자금

을 알 수 있다. 준신축 아파트와 구축 아파트의 경우 단기 예상 수익을 임의로 물가 상승률 2퍼센트를 고려하여 보수적으로 작게 잡으면 된다. 재개발, 재건축, 분양권의 신축 비교 수익은 앞으로 새 아파트가 되었을 때, 주변 신축 대비 어느 정도의 금액이 차이나는지, 그 차익이 곧 수익으로 바뀌기 때문에 참고로 적은 것이다.

일반 아파트는 매매 시세를 찾아볼 수 있는데, 재개발 같은 경우에는 빌라가 많아서 감정평가액이나 빌라 혹은 주택의 매매가 정도만 알 수 있다. 그런데 어떻게 함께 비교할 수 있다고 할까? 위 순환주택 시세링크 투자 지도에서 나오는 매매환산가는 다음과 같이 엑셀에 넣고 계산할 수 있다.

엑셀 툴이 너무 복잡하고 어렵다면, 쉽게 한 번 생각해보자. 지금 투자하는 재개발 매물의 매매가는 결국 감정평가액과 프리미엄을 합한 가격이다. 그리고 지불해야 할 추가 분담금을 조합원 분양가에서 권리가액을 빼면, 자신이 투자하는 매매환산가가 나온다.

단위: 만 원, ( ) 표기: 마이너스 값

예시		재개발						분양권	재건축	구축 아파트					준신축 아파트		
		광명 4구역	광명 5구역	광명 2구역	광명 15구역	광명 1구역	광명 10구역	광명 에코리안 위브	재건축 주공2 단지	광명 푸르지오	브라운 스톤 1단지	브라운 스톤 2단지	도덕 파크 1단지	e편한 센트레빌	광명두 산위브	철산 래미안 자이	철산 푸르지오
매매 금액	감정평가액	14,900	12,800	9,100	13,100	12,800	16,800										
	프리미엄	30,000	25,500	23,000	30,000	23,500	23,000										
	매매 금액	44,900	38,300	32,100	43,100	36,300	39,800	66,000	57,000	47,000	50,000	54,000	48,500	68,000	72,500	74,500	73,000
	임대보증금	10,000	12,000	8,500	0	10,000	0	0	26,000	32,000	36,000	33,000	31,500	45,000	48,000	49,500	48,000
	현금 매수액	34,900	26,300	23,600	43,100	26,300	39,800	66,000	31,000	15,000	14,000	21,000	17,000	23,000	24,500	25,000	27,000
매수 비용	취득세, 법무비	606	517	433	582	490	537	891	770	635	675	729	655	918	979	1,006	986
	매수중개수수료	100	100	100	100	100	100	100	100	100	100	100	100	100	100	100	100
	계	706	617	533	682	590	637	991	870	735	775	829	755	1,018	1,079	1,106	1,086
투자액 산출	(매수 시) 현금투자액	35,606	26,917	24,133	43,782	26,890	40,437	66,991	31,870	15,735	14,775	21,829	17,755	24,018	25,579	26,106	28,086
이주비, 이사비, 대보증금, 금환불 액공제	이주비대출/100	0.60	0.60	0.60	0.60	0.60	0.60	0.40									
	무이자이주비	8,940	7,680	5,460	7,860	7,680	10,080	26,400									
	이사비 수령액	100	1,000	200	200	300	300	300									
	임대보증금 환불액	10,000	12,000	8,500	0	10,000	0	0									
	(이주 후) 실투자액	36,566	30,237	26,973	35,722	28,910	30,057	40,291	31,870	15,735	14,775	21,829	17,755	24,018	25,579	26,106	28,086
	일반분양가(변동가능)	58,000	55,000	53,000	53,000	53,000	53,700										
	조합원분양가	41,600	37,000	36,300	32,400	35,300	36,700										
	계약금 %조건	0.10	0.10	0.10	0.10	0.10	0.10										
	비례율/100	1.00	1.00	1.00	1.00	1.00	1.00										
	(조합원분양 후 실투자액)(추가분담금 10% 포함)	39,236	32,657	29,693	37,652	31,160	32,047	40,291									
	비례율작용차액(+,-)	0	0	0	0	0	0										
	발코니 확장+가전	0	0	0	0	0	0										
예상 시 시세대비 이주권 매도차액	일반분양가 대비 예상수익	(13,600)	(7,500)	(6,300)	(9,400)	(5,800)	(6,000)		31,870	15,735	14,775	21,829	17,755	24,018	25,579	26,106	28,086
	주변 시세	75,000	75,000	75,000	75,000	75,000	75,000	75,000	75,000	55,000	55,000	55,000	55,000	65,000	75,000	75,000	75,000
	물건 현 시세	71,600	62,500	59,300	62,400	58,800	59,700	66,000	57,000	47,000	50,000	54,000	48,500	68,000	72,500	74,500	73,000
	주변시세 대비 예상 수익	3,400	12,500	15,700	12,600	16,200	15,300	9,000	18,000	8,000	5,000	1,000	6,500	(3,000)	2,500	500	2,000

2020년 1분기 경기도 광명시 전용면적 59㎡ 순환주택 시세링크 투자 틀

201

재개발 매매환산가

= 매매가격(감정평가액 + 프리미엄)
+ 추가분담금(조합원 분양가 - 권리가액(감정평가액 x 비례율))
= 조합원분양가 + 프리미엄(비례율 차이)

이렇게 재개발 물건도 매매환산가 즉, 현재 매물의 시세를 직접 환산할 수 있다. 비례율이 100퍼센트일 경우 비례율 차이 부분은 없어져서 더욱 계산이 간편하다. 이렇게 환산하면, 주변에 있는 분양권, 재건축, 신축 아파트, 준신축 아파트, 구축 아파트와 나란히 비교할 수 있다.

결국, 순환주택들은 이렇게 같은 선상에서 비교할 수 있다. 보통의 투자자들은 아파트는 아파트끼리, 재개발 지역은 재개발끼리, 분양권도 분양권끼리 비교해서 투자하는 경우가 많다. 이제부터는 그 지역의 모든 순환주택을 전부 비교해서 저평가된 상품에 투자하자.

그렇다면 투자처로는 분양권이 좋을까? 재개발이 좋을까? 아파트가 좋을까? 과연 어떤 것이 가장 좋은 투자처일까?

베스트 투자처는 그 지역마다 타이밍마다 모두 다르다. 지금 어떤 지역에 가면 재개발이 저평가되어 있고, 다른 지역에 가면 분양권이 저평가되어 있을 수 있다. 결국 이렇게 정비사업이 활발한 지역은 서로 주거니 받거니, 리딩하고 따라가면서 동반 상승하는 경우가 많다. 달리는 말에서 가장 수익률을 높일 수 있는 저평가된 상품 군을 직접 찾아서 투자해보자!

그렇다면 2019년 1분기 경기도 광명시의 시세는 어떠했을까?

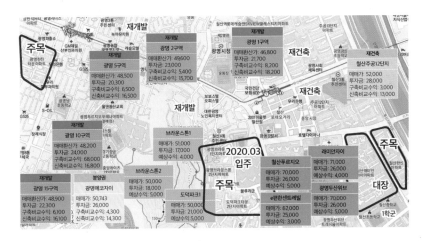

2019년 1분기 경기도 광명시 전용면적 59㎡ 순환주택 시세링크 투자 지도

어떠한가? 이때는 재개발 매매환산가가 구축 아파트보다 저렴했다. 이게 말이 되는가? 앞으로 새 아파트가 될 지역들이 구축 아파트보다도 가격이 저렴하다니 놀랍지 않은가? 누구나 이렇게 환산할 수 있었다면 많은 사람이 저평가 상품을 쉽게 찾을 수 있을 것이다. 주택 안정화 대책이 나올 때마다, 각 상품군이 이렇게 조정되는데, 말도 안 되는 가격으로 될 때가 있다. 이때가 바로 기회다! 인간 본연의 심리인 두려움을 역 이용할 줄 알아야 투자에 성공할 수 있다.

2019년에는 누가 봐도 재개발과 분양권이 저평가됐다. 위의 그림에서 시세를 확인해보자. 2019년에 저평가됐던 곳이 가장 많이 올랐다. 자, 이제 어떻게 분석해야 하는지 감을 잡았는가? 충동구매를 멈추고, 저평가 순환주택 시세링크를 확인해보자. 위에서 흐름상 투자하기 좋은 지역들을 추린 것들 중에서 정비사업이 활발한 지역은 어디일까?

아래는 수요와 공급의 흐름이 좋은 곳들이었다.

수요&공급1 **인구수 증가, 미분양/입주 물량 감소:** 경기도1(광주시, 수원시, 고양시, 용인시, 구리시, 김포시), 대전광역시, 충청남도 천안시, 충청북도 청주시

수요&공급2 **규모&희소성, 미분양/입주 물량 감소:** 서울특별시, 경기도 2(광명시, 과천시, 부천시, 성남시, 안양시, 군포시, 의왕시, 안산시)

정비사업이 활발하게 이루어지고 있기 때문에 순환주택 시세링크 투자를 하기 좋은 지역들을 다시 추려보자.

수요&공급 **+ 순환주택 시세링크 투자 지역:** 경기도(수원시, 고양시, 광명시, 과천시, 성남시, 안양시, 안산시), 대전광역시, 충청남도 천안시, 충청북도 청주시

물론 그 외 지역들도 투자하기에 훌륭한 곳들이 많다. 다만, 수요와 공급 측면에서도 좋은 흐름상에 있고, 정비사업이 활발하게 진행 중이어서 순환주택 시세링크 투자를 하기 좋은 지역들을 추리고 추려서 살펴보았다.

부동산은 살아있는 생물이다. 그러므로 수요와 공급 측면에서 좋은 흐름상에 있는 지역들이 언제든지 바뀔 수 있다. 게다가 정비사업이 활발하지 않다가, 활발해지는 지역들이 분명히 있을 것이다. 그래서 이 지

역들이 고정값이 아니라 항상 바뀔 수 있다는 점을 유념하고 앞에 설명한 분석 방법으로 꾸준히 모니터링하자.

눈으로 보며 익히는 것보다 손으로 직접 쓰면서 공부하는 것이 머리에 오래 남는다. 책에 낙서하는 것을 싫어한다면 공책에 적어보자. 성공한 사람들은 남들보다 결단력과 실행력이 빨랐다. 지금 당장 해보자!

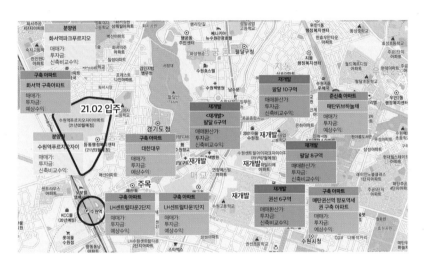

경기도 수원시 순환주택 시세링크 투자 지도

자, 이제 경기도 수원시를 살펴보자. 재개발, 분양권, 준신축 아파트, 구축 아파트가 섞여 있는 순환주택 시세링크 투자 지도다. 여기에 자신이 원하는 크기의 주택을 비교해보자. 전용면적 59제곱미터나 84제곱미터를 골라서 해보자. 낙서를 해도 좋으니 막 적어보고, 저평가 순환주택을 찾아보자.

경기도 고양시 순환주택 시세링크 투자 지도

경기도 고양시는 능곡 뉴타운의 정비사업이 활발하다. 재개발, 재건축, 분양권, 구축 아파트 등 천지개벽하고 있는 지역이라서, 가면 갈수록, 인프라가 갖춰질수록 계속 주목을 받을 지역이다. 대곡역세권 개발호재는 덤이다. 이렇게 상승하는 지역들에 관심을 가져보자.

경기도 과천시는 입지가 무척 좋은 만큼 가격이 비싸고, 재건축 아파트들도 어느 정도 진행되고 있어서 별로 분석할 것이 없다. 과천시 아래에 과천지식정보타운이 들어선다. 과천시가 커지는 느낌이다. 과천시, 과천지식정보타운, 의왕 포일타운, 안양 동편마을, 인덕원, 평촌 1기 신도시까지 하나로 이어지면서 안양시가 오히려 좋아지는 효과를 볼 것이다. 그렇다면 경기도 과천시 바로 옆의 경기도 안양시를 한 번 분석해보자.

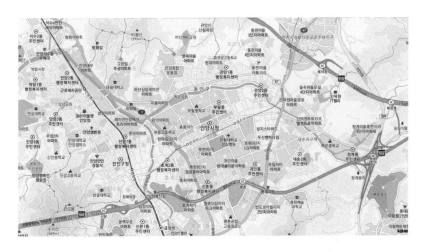

경기도 안양시 지도

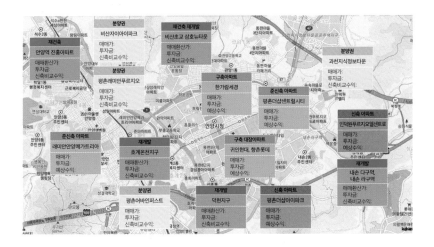

경기도 안양시 순환주택 시세링크 투자 지도

경기도 안양시 평촌 1기 신도시는 주변에 인기가 많은 과천과 과천지 식정보타운의 분양이 쏟아진다. 그렇게 되면 과천이 주목 받을 수밖에 없다. 또, 평촌 1기 신도시 주변으로 새 아파트들이 외곽이지만 입지 좋은 평촌보다 더 비싼 가격으로 분양되고 있다. 그렇게 되면, 자연스럽게 평촌이 저평가될 것이다. 이렇게 이 지역에서도 서로 주거니 받거니, 리딩하고 따라가는 현상이 발생할 것이다. 판교가 생겨서 분당이 재조명되었듯이, 과천지식정보타운이 생기면 평촌이 재조명될 것이다. 여기서도 월판선 역사 호재는 덤으로만 생각하자. 다음으로 경기도에서 인기가 많은 성남시를 한 번 살펴보자.

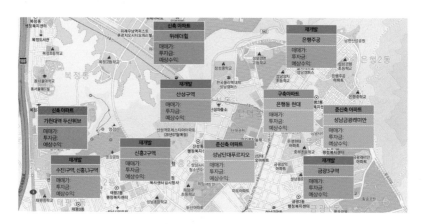

경기도 성남시 순환주택 시세링크 투자 지도

경기도 성남시 순환주택 시세링크 투자 지도

　경기도 성남시 일대 순환주택이 모여 있는 정비사업 역시 활발하다. 위로는 위례신도시가 있고 아래는 분당이 있어서 입지도 좋다. 구도심이었을 때는 관심이 별로 없었지만, 점점 인프라가 새것으로 바뀌면서 인기가 많은 곳들 중에 한 곳으로 자리매김할 곳이다. 경기도 안산시는 독자들이 한 번 순환주택 시세링크 투자 지도를 만들어 보자. 처음부터 끝까지 직접 해보아야 진짜 내것이 된다.

　이제 지방으로 넘어가자. 지방도 정비구역이 활발한 지역은 분위기가 좋다.

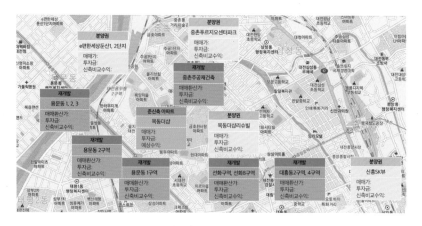

대전광역시 순환주택 시세링크 투자 지도

　대전광역시는 중구를 중심으로 위로는 서구, 오른쪽에 동구가 같이 영향을 받는다. 중구는 서대전역과 대전역 사이에 위치하기 때문에 서울로의 접근성도 좋다. 그동안 원도심이자 구도심으로 관심을 받지 못하다가 이번 대세 상승장에 정비구역들이 활발하게 진행 중이다. 그렇다. 재개발, 재건축 등 대세 상승장이 오면, 안 움직이던 정비 구역들도 활기를 찾는다. 그래서 앞에서 숲을 보고 상승장이 올 지역들을 추려본 것이고, 그다음에 나무를 보는 관점으로 정비사업이 활발한 지역에서 순환주택 시세링크 투자 분석하는 것이다. 숲을 살펴보고 나서 나무를 보고 있는 과정이다. 나무 중에서도 저평가된 나무를 잘 찾아보자. 효자 노릇을 할 것이다.

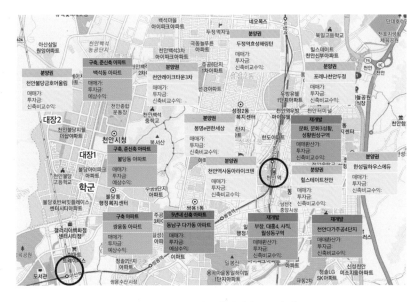

충청남도 천안시 순환주택 시세링크 투자 지도

충청남도 천안시는 기존의 대장이었던 불당동 신축 아파트들이 시세를 많이 견인했다. 이러한 시세 견인이 현재 낙후된 천안역 인근에 정비구역들이 활기를 넣고 있다. 그 지역뿐만 아니라, 천안의 곳곳에 생겨나는 분양권들에 관심을 가져볼만 하다. 특히 흐름이 좋은 천안시에 순환주택 시세링크 투자를 통해 저평가 주택을 분석해보자. 천안시 서북구, 동남구 둘 다 눈여겨 봐야하고, 옆에 있는 아산시까지 관심을 두고 분석해야 한다. 다만, 천안은 아산, 탕정 등 추후에 예견된 입주 물량도 많기 때문에 분석해서 매수 및 매도 계획을 잘 세워야 한다.

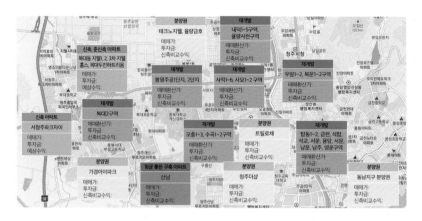

충청북도 청주시 순환주택 시세링크 투자 지도

다음으로 충청북도 청주시를 살펴보자. 청주시는 투자자의 무덤이라고 불릴 정도로 아픈 하락장을 겪었던 곳이다. 하락기, 쇠퇴기가 있다면, 회복기인 상승기가 있는 법이다. 이제 곧 대세 상승 장세가 올 지역 중에 한 곳이다. 그 시기에 진입하면 시원치 않았던 정비 구역들이 활기를 찾을 것이다. 청주도 순환주택 시세링크 투자 기법을 적용해서 미래 분석해보자. 제대로 분석해서 꼭 기회를 잡자!

제이크의 One Point Lesson

흐름이 좋은 지역들 중에서도, 순환주택 시세링크 투자를 할 수 있는 정비사업이 활발한 곳에서 투자하자. 투자는 확률 싸움이다. 수요와 공급으로 뽑아낸 지역들 중에서도, 이렇게 인프라가 좋아지는 곳에 투자한다면, 투자 성공의 확률을 한 층 더 높일 수 있을 것이다! 그렇다. 부지런히 분석하고, 발품 팔아서 비교 평가 후, 저평가 순환주택을 투자한다면, 성공적인 투자가 될 것이다.

실전 사례 분석
: 분양권 시세링크 투자

　요즘에는 신축이 입지라는 말이 있을 정도로 분양권과 신축이 대세다. 민영 건설사에서 짓는 새 아파트에 가보면 정말 살고 싶을 정도로 시설이 좋아서 사람들의 소비 심리를 자극한다. 실제로 수도권, 지방 등 아파트 매매가격은 신축 위주로 많이 상승했다. 물론, 구축도 키 맞추기를 한다. 하지만, 같은 조건이라면 신축에 투자하는 것이 낫지 않을까?

　분양권은 곧 신축 아파트가 될 상품이기 때문에, 매력적인 투자 상품이다. 분양권은 게다가 계약금 10퍼센트만 있으면 시작할 수 있기 때문에, 초기 투자금이 적게 든다. 중도금 대출을 일으킬 수 있기 때문에, 레버리지를 활용할 수 있다. 그렇다면 분양권의 타이밍은 어떻게 잡을 수 있을지 확인해보자.

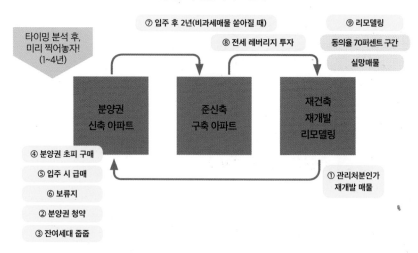

분양권 투자 타이밍

순환수택을 놓고 보았을 때, 분양권 투자의 타이밍은 이렇다. 많은 사람들이 알고 있는 청약이라는 방법도 있지만, 현실적으로 누구에게나 당첨이 쉬운 건 아니다. 관심 지역의 아파트 단지 청약에 실패했더라도, 청약 부적격자 등 때문에 발생하는 잔여세대 청약, 일명 줍줍을 시도해 보는 방법도 있다. 또 사람이 사는 세상이기 때문에, 항상 여러 가지 사유로 급매가 나올 수 있다. 분양 초기에 프리미엄을 주고 사는 건 어떠할까? 이미 많은 프리미엄이 붙은 경우 부담스러울 것이다. 하지만 여유가 된다면 프리미엄을 조금 더 주고 매수하는 것도 나쁘지 않다.

아파트 대단지에 해당한다면 단지 전체가 동시에 입주할 때, 잔금을 치르기 때문에 발생하는 기회가 있다. 투자자의 경우 전세입자를 구해야 하는데 수천 세대가 함께 전세를 구한다면 매우 힘들 것이다. 이럴 경우, 어쩔 수 없이 나오는 급매물들이 가끔 있다. 헬리오시티에도 있었다. 아무리 좋은 아파트 단지라고 해도 사람이 사는 곳에는 사연이 있기 마련이다. 하지만 이런 기회는 찰나적 순간이다. 입주 시기 전에 미리 둘러보고, 많은 중개업소에 부탁해야 한다. 급매로 나오면 바로 매수할 의향이 있다고 각인시켜야 한다. 남들보다 더 많이 뛰어다녀야 급매를 잡을 수 있다. 입주 시기에서 3개월이 지나면 급매를 잡기 어렵다.

만약 청약을 놓쳤다고 해도 남은 보류지에 입찰하는 방법도 있다. 대단지 입주 시기의 기회까지 놓쳤다고 해도, 2년 뒤에 비과세 매물이 쏟아질 수 있다. 실거주자들이 2년 살았기 때문에 비과세 혜택을 받고 매도하려고 할 수 있다. 또한 투자자들도 전세 한 바퀴 돌렸으니 매도하자고 생각할 수 있다. 이럴 때, 매매나 전세 매물이 많아질 수 있다. 바로 이때가 또 다른 기회가 될 수 있다. 집중해서 관심을 가지고 본다면 기회의 타이밍이 꽤 있다. 포기하지 말고 꾸준히 관심을 가지고 보자.

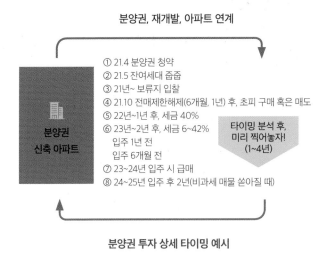

분양권, 재개발, 아파트 연계

분양권
신축 아파트

① 21.4 분양권 청약
② 21.5 잔여세대 줍줍
③ 21년~ 보류지 입찰
④ 21.10 전매제한해제(6개월, 1년) 후, 초피 구매 혹은 매도
⑤ 22년~1년 후, 세금 40%
⑥ 23년~2년 후, 세금 6~42%
　　입주 1년 전
　　입주 6개월 전
⑦ 23~24년 입주 시 급매
⑧ 24~25년 입주 후 2년(비과세 매물 쏟아질 때)

타이밍 분석 후,
미리 찍어놓자!
(1~4년)

분양권 투자 상세 타이밍 예시

앞에서 설명한 것과 같이 분양권 투자 타이밍은 이렇게나 다양하다. 전매제한기간이나 세금 부분은 자주 바뀌는 내용이지만, 관심 단지에 투자하고 싶다면 이렇게 상세한 전략을 갖고 접근해야 한다. 기회는 많다. 잘 분석해서 기회를 잡아보자.

그렇다면 이제 실제로 기회를 잡았던 과거 사례들을 살펴보자. 2019년 2월에 의정부에서 잔여세대 '줍줍현상'이 나타났던 사례다.

의정부 더샵 파크에비뉴 잔여세대 청약 정보

청약 부적격자 발생 등으로 인하여 건설사에서는 잔여세대를 청약을 한다. 잔여세대 청약은 청약 통장이 없어도 간단하게 인터넷으로 가능하다. 필자도 여행 중에 간단하고 손쉽게 인터넷으로 지원했던 기억이 있다. 예비 당첨이 되어도 관심 단지라면 반드시 계약일 당일에 직접 가서 확인해야 한다. 일이 있어서 못 오는 사람, 직접 보고 나니 마음이 바

뛰어서 계약하지 않는 사람 등 다양한 기회를 맞이할 수 있다. 계약일에 방문한다면, 방문하기 전에 먼저 투자를 하겠다는 결단을 해야 한다.

하지만 이곳에 어떻게 투자를 결심할 수 있을까? 포털에서 '인구수'를 검색해보자. 수요가 늘어난다면 투자해야 한다!

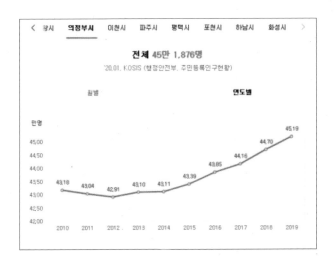

경기도 의정부시 인구수

앞에서 분석한 것처럼 미분양과 준공 후 미분양, 매매가격 전망지수를 살펴보자.

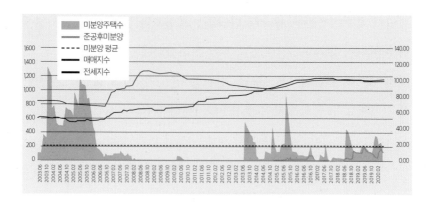

경기도 의정부시 미분양 추이

아래의 입주 물량 그래프를 확인해보자. 다른 지수들은 좋지만 입주 물량이 많다.

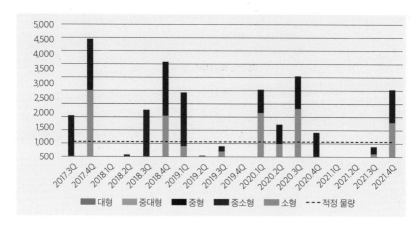

경기도 의정부시 입주 물량 추이

입주 물량이 드문드문 있지만, 적정 물량보다 많이 입주해서 누적 입주 물량이 쌓이는 구조다. 일반적으로 이럴 때는 투자를 다시 한 번 깊게 생각해야 한다. 나는 보통 이런 경우에 투자하지 않는다. 하지만 2019년에는 입주 물량이 없었기 때문에 단기적으로 접근했다. 순간의 기회를 포착한 것이다. 분양권이라는 특성상 지금 당장 전세를 내놓지 않아도 되기 때문에 역전세 등으로 애를 먹을 일이 없었다.

경기도 의정부역 일대 입지

노파심에서 언급하지만, 절대 이 지역을 추천하는 것은 아니다. 고수들은 이미 투자하고 나서 수익을 보고 빠져나온 지역이다. 어떻게 투자할 수 있었는지 설명하기 위해 예를 든 것이다.

의정부역 일대 분양권 등 순환주택들의 정비 사업이 활발하게 이루어지고 있다. 수요가 늘어나는 지역에 신축 아파트들이 들어서고 있어서 관심을 둘 수밖에 없었다. 일단 의정부 더샵 파크에비뉴의 분양가가 적당한지 보기 위해서 바로 옆에 있는 흥선 브라운스톤을 분석해보자. 이 아파트는 매매의 시세가 오르지 않았고, 전세의 시세가 꾸준히 조금씩 올랐다. 상승 에너지가 쌓인 케이스라고 할 수 있다. 일단 구축 아파트의 그래프를 확인해보자. 과연 더샵의 분양가는 어떻게 책정했을까?

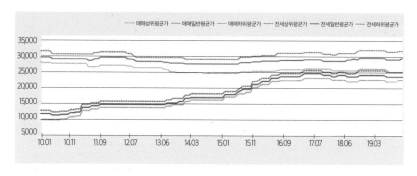

경기도 의정부시 가능동 흥선브라운스톤 전용 84㎡ KB 매매, 전세 시세 추이

구분	브라운스톤 흥선(84㎡)	의정부 더샵 (84㎡)	차이	복리 계산	
연식	2008	2021	13년	30,675	1
물가 상승률(%)	2.25%			31,364	2
연식 차이별 상승률 차이		29.25%		32,071	3
시세대비 단리 예상시세	30,000	38,775		32,793	4
시세대비 복리 예상시세		40,064		33,531	5
분양가		40,000		34,285	6
차익		64		35,056	7
				35,845	8
				36,652	9
				37,477	10
				38,320	11
				39,182	12
				40,064	13

경기도 의정부시 가능동 흥선브라운스톤 감가상각 역계산

흥선브라운스톤은 2008년식으로 2021년에 새로 완공되는 의정부 더샵 파크에비뉴와 13년 차이가 난다. 보통 연간 물가 상승률을 2.25퍼센트로 잡고, 13년 차이 나는 시세를 감가상각비로 계산할 수 있다. 즉, 흥선브라운스톤의 전용 84제곱미터 현 시세가 3억 원이라고 하면, 13년 더 젊은 의정부 더샵 파크에비뉴는 연간 물가 상승률을 고려한 감가상각 역 계산을 통해서 4억 원에 분양하는 것이 적당하다. 실제로 건설사에서 4억 원 정도에 분양했다. 이 분양가는 단순 물가 상승률을 고려했을 때의 분양가였고, 신축 프리미엄을 더한다면 좀 더 비쌀 것으로 판단했다.

다만 입주 물량이 계속 많을 예정이어서 빨리 사고 빨리 팔 타이밍을 노려야 했다. 그 당시 전매 제한 기간이 6개월이었고, 세금을 고려해도 1년 안에 매도할 수 있어서 시도해볼만 했다. 이러한 분석을 통해 실제로 1년도 안 되는 기간 동안 100퍼센트의 수익률을 맛보았다. 다시 말하지만, 이 지역을 추천하는 것이 아니다. 이미 고수들은 치고 빠진 상태다.

이러한 방법으로 독자 스스로 투자처를 찾아보고, 달콤한 수익의 결실을 맛보길 바란다. 천안, 아산, 청주 등 지방에서도 분양권은 신축 프리미엄으로 많은 기회가 있을 것이다. 직접 찾아보길 바란다. 순환주택 시세링크 투자를 할 수 있는 정비사업 현황이 활발한 지역은 초기 프리미엄을 주고 매수를 한다고 해도, 충분한 승산의 기회가 있을 것이다.

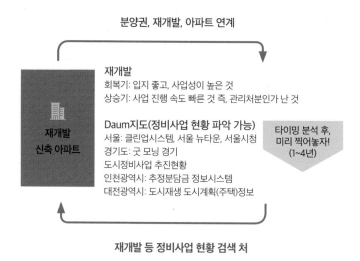

분양권과 함께 살펴보기 좋은 것들이 재개발 등의 정비사업 현황이다. 앞에서 순환주택들이 연결되어 있는 것을 보았다. 요즘 신축이 대세

인 만큼 정비사업이 활발하게 이루어지는 지역에서 분양권과 재개발 등 기회를 잘 살펴보자.

제이크의 One Point Lesson

실전 사례를 보고, 순환주택들이 모여 있는 정비사업 현황이 활발한 지역에서 기회를 포착하고 분양권, 신축 투자를 해보자. 천안, 아산, 청주 등 지방도 고려 대상으로 넣고 잘 분석해보자.

실전 사례 분석
: 준신축 시세링크 투자

순환주택들이 모여 있는 정비사업이 활발한 지역에서 분양권, 신축을 살펴보았다면, 이제 그 신축을 따라갈 준신축 주택에 투자하는 방법이다. 분양권의 경우 사실 명의에 한계가 있기 때문에 개인 한 명이 거의 한두 개 밖에 투자하지 못한다. 레버리지를 일으킬 수 있는 중도금 대출에 개인당 보증 한도가 정해져 있기 때문이다. 분양권을 한 개 투자했다면, 그 신축을 따라갈 준신축 아파트에 투자하는 방법도 알아보자. 이번에는 서울과 지방의 과거 사례를 한 차례씩 살펴보자.

신길 뉴타운 일대 정비사업 현황

서울특별시에서 하는 대규모 정비 사업으로 인하여 인프라가 크게 바뀌는 지역 중에 한 곳이 신길 뉴타운이다. 이렇게 정비사업이 활발한 지역은 모든 것이 새 인프라로 바뀌기 때문에, 그 안에 있는 준신축, 구축 아파트들도 동반 상승한다. 신길 뉴타운 속에 준신축 아파트의 매매 가격 추이는 유명한 과거 사례로 손꼽힌다. 이러한 준신축 아파트는 신길 뉴타운이 깔끔하고 새롭게 정비되면서 신축 아파트의 매매 시세를 따라가고 있다.

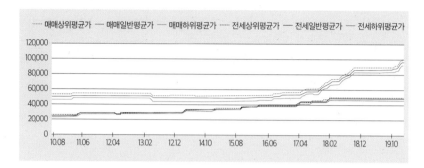

신길 뉴타운 준신축 아파트 전용 84m² KB 매매 전세 시세 변동 추이

신길뉴타운의 준신축 아파트를 놓쳤다면, 그 밑으로도 정비사업이 활발하기 때문에 다른 준신축 아파트에 투자할 수 있었다. 신길 뉴타운 밑에 보라매 준신축 아파트를 분석해보자.

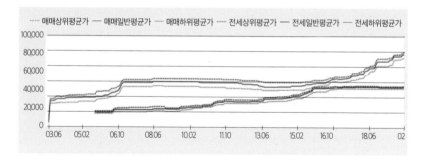

보라매 준신축 전용 84m² KB 매매 전세 시세 변동 추이

2016년에는 매매와 전세 가격의 차이가 거의 없었다. 지금 생각해보면 정말 아찔하고 흥분되는 그래프다. 하지만 2017년 아니, 2018년에도

늦지 않았었다. 타임머신을 타고 2018년 초로 되돌아가서 투자를 해보자. 먼저 정비사업이 활발한 지역이었기에 시세를 리딩해줄 신축 아파트가 많았다. 점점 새 인프라를 갖추면서, 준신축 아파트도 따라갈 기미를 보였다.

그렇다면 어떤 면적을 선택해야 할까? 보통 가장 많은 전용면적으로 59제곱미터와 84제곱미터가 있다. 이 사이의 차이를 평수 갭이라고 하자. 25평과 34평의 평수 갭은 조금씩 차이가 있다. 2018년 초에는 이 평수 갭이 작았다. 이렇게 평수 갭이 작은 시기에는 당연히 84제곱미터을 투자하는 것이 좋다. 실제로 2018년 초에는 25평과 34평이 둘 다 5억 원 대였다. 즉, 25평에 몇 천만 원만 더한다면 34평을 살 수 있었다. 들어가는 투자금이 같다면 무조건 큰 면적을 선택해야 할 것이다.

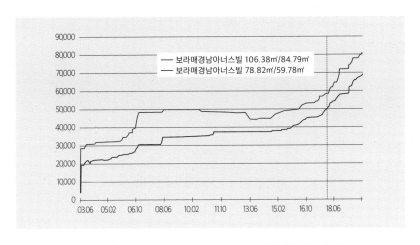

보라매 준신축 아파트 KB 전용 59㎡, 84㎡ 매매 시세 변동 추이

2018년 서울 사례를 보았다면, 이제 2019년 지방 사례를 한 번 살펴보자. 모두 수억 원의 수익을 낼 수 있었던 사례이니 눈에 불을 켜고 분석해보자.

2019년에 대전 사례를 살펴보자. 많은 투자자가 2017~2018년에 대전에 투자하는 것은 늦었다고 했다. 하지만 분명 2019년~2020년에도 대전에 기회가 많았다.

대전광역시 중구 목동 정비사업 현황

2017년~2018년 당시 대전광역시의 대장 지역인 둔산동 대장 아파트가 크게 상승했다. 이렇게 대장 지역이 오르고 나면, 주변에 상승이 전파될 곳을 찾아야 한다. 그 지역들 중에 특히 정비사업이 활발한 지역이 있다면 더할 나위 없이 좋다. 둔산동 옆의 중구가 그런 곳들 중에 하나다. 현재 재개발, 재건축, 분양권 등 정비사업이 활발하게 계속해서 주거니 받거니 시세가 오르고 있다. 준신축 아파트와 구축 아파트 역시 동반 상승 중이다. 앞으로 전체적으로 새 아파트가 많이 생기게 된다면, 인프라가 전부 새것으로 바뀔 것이고, 그렇게 된다면 앞에서 보았던 신길뉴타운의 준신축 아파트처럼 더 상승할 것이라 판단했다. 물론, 대전이 서울만큼은 못 오르겠지만, 나쁘지 않은 수익률을 안겨줄 것이다.

대전광역시의 수요와 공급 데이터는 앞에서 많은 분석을 통해 매력적인 투자처임을 확인했다. 이번에는 대전광역시 중구 목동의 준신축 아파트를 더욱 상세하게 살펴보자. 정비사업이 활발한 지역의 한가운데 포옥 껴있으며, 전세가가 상승하면서 상승 신호까지 왔었다.

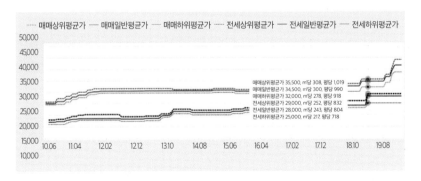

대전 중구 목동 준신축 아파트 KB 전용 84㎡ 매매 시세 변동 추이

이번에는 타이밍에 집중해서 보자. 남들이 모두 늦었다고 하던 2019

년 3월로 돌아가보자. 이미 대장 지역인 둔산동의 대장 아파트는 많이 상승한 상태였다. 대전 중구에 목동의 한 아파트도 조금 상승했다. 하지만, 정비사업이 활발한 지역에 재건축, 재개발 등 시세 견인을 하는 것들이 많았다. 준신축 아파트인 대전 목동의 한 아파트 또한 계속 상승하고 있는 중이다.

제이크의 One Point Lesson

실전 사례를 보고, 순환주택들이 모여 있는 정비사업이 활발한 지역에서 기회를 포착하고 준신축 아파트에 투자해보자. 분양권 투자는 명의 갯수에 한계가 있기 때문에, 전세 레버리지를 활용한 준신축 아파트 투자를 분석하고 실행하자. 숲을 결정하는 수요와 공급, 나무를 결정하는 순환주택 정비사업 현황을 고려하여 투자처를 고른다면 현명한 선택이 될 것이다.

실전 사례 분석
: 구축 시세링크 투자

신축을 바라보는 분양권이 있고, 신축을 따라가는 준신축이 있다면, 그렇다면 준신축을 따라가는 것은 무엇일까? 그렇다. 바로 구축 아파트다. 구축 아파트의 매매 시세는 평생 안 오를까? 그렇지 않다. 신축, 준신축이 오른다면, 그 다음은 입지 좋은 구축들이 따라가게 되어 있다. 다키 맞추기를 한다.

구축 아파트 사례는 많지만, 이번에는 경기도 수원시의 사례를 살펴보자. 2018년 초 서울, 2019년 초 대전, 2020년 초 수원의 투자 사례를 차례로 보고 있다. 무엇을 느끼는가? 그렇다. 좀 느린 투자라고 생각하지 않는가? 이렇게 많은 데이터를 분석하고, 모든 신호에 그린 라이트가 켜졌을 때, 투자를 해도 수익을 내는 데 문제가 없다. 조급하게 생각하지 말고, 여유롭게 기본에 충실한 투자를 해야 한다. 누구에게 끌려 다니는 것이 아닌, 자신만의 기준을 제대로 확립한 후에 투자해야 한다.

경기도 수원시도 앞에서 숲을 볼 때, 수요와 공급이 매력적인 투자처임을 확인했었다. 이제 나무를 찍어보자. 즉, 어느 구축 아파트가 정비사업이 활발한 곳 옆에 있는지 찾아봐야 한다.

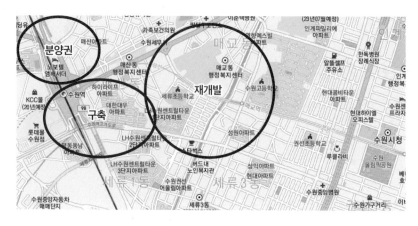

경기도 수원시 정비사업 현황

수원역을 중심으로 위쪽으로는 분양권들이 가파르게 상승하고 있다. 수원역 오른쪽으로는 팔달구 권선구 재개발들이 신축에 대한 갈망으로 프리미엄이 무척 상승하는 중이다. 그렇다 보니 수원역세권 준신축, 구축 아파트들도 상승을 시작했다. 이러한 상황에서 어디에 투자해야 할까? 이미 오른 곳보다는, 아직 안 오른 곳 중에서 될 수 있으면 정비사업 현황이 활발한 지역 근처에 있는 곳이 좋다. 그렇다. 팔달구 권선구 재개발이 모여 있는 지역과 대한민국 넘버원 반도체 제조업 삼성전자 본사 사이에 있는 수원시 영통구 매탄동 망포동 지역이 눈의 띈다. 물론 이 지역도 신축 아파트들은 굉장히 상승했다. 이제 구축 아파트가 따라갈 차례다.

경기도 수원시 삼성전자 주변 지역

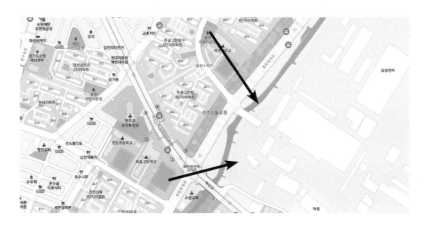

경기도 수원시 삼성전자 & 정비사업 주변 지역

위 지역들은 팔달구 권선구 재개발 지역들과 삼성전자 본사 사이에 있는 지역의 구축 아파트들이다. 대개 매탄권선역과 망포역세권에 위치해 있으며, 삼성전자를 걸어서 갈 수 있는 거리여서 매우 매력적이다. 세계적인 기업인 삼성전자 본사의 주변에 있기 때문에 수요가 많다. 즉,

신규 수요가 지역으로부터 온다. 실제로 필자의 수원 지역 세입자들의 2/3 이상이 다른 지역에서 올라온 삼성전자 직원들이다. 특히 요즘에는 1인 가구와 주말 부부 등이 늘고 있어서 가성비 좋은 소형 아파트도 인기다.

수요와 공급, 거기에 타이밍까지 좋은 이곳에 정비사업도 활발하고, 삼성전자라는 큰 기업까지 있다. 신규 수요를 계속해서 제공해주기 때문에 이 지역의 아파트들을 정말 모으고 싶은 마음이 드는 곳이다. 필자는 이 지역에서 주택임대사업자를 내고, 전문 인테리어 팀을 꾸려서 안정적인 전세를 제공하는 등 영향력을 행사하고 있다. 이런 지역은 매우 큰 일자리가 있기 때문에 급등도 없지만 급락도 없다. 꾸준한 수요가 있기 때문에 안정적으로 주택 임대 사업을 할 수 있다.

급등을 좋아하는가? 급등을 좋아한다면 급락이 올 것 또한 대비해야 한다. 필자는 급등하는 지역보다, 이렇게 안정적으로 조금씩 수요에 의해서 오르는 지역을 좋아한다. 카르텔 투자는 자신이 투자한 것들 중 안 좋은 것은 매도하고, 좋은 것은 계속 모아가면서 자신이 영향을 미칠 수 있는 곳에 물건을 늘려가는 규모의 경제 투자 방법을 말한다. 아직도 기회는 많으니 잘 분석해서 투자해보자.

이번에는 경기도 수원시의 구축 아파트들의 KB 매매 전세 시세를 독자 스스로 분석해보길 바란다. 가볍게 가져가는 구축 아파트들은 간혹 가다가 리모델링이나 재건축 이슈가 터지면 한 차례 크게 상승하는 재미도 볼 수 있다.

제이크의 One Point Lesson

실전 사례를 보고, 순환주택들이 모여 있는 정비사업이 활발한 지역에서 기회를 포착해서 구축 아파트에 투자해보자. 신축 아파트의 가격이 이미 많이 올라버렸다면, 또, 신축 아파트에 투자할 자금이 부족하다면 약간은 느리지만 꾸준하게 따라갈 구축 아파트에 투자해 보자. 숲과 나무를 잘 골랐다면, 결국 구축이라도 다 따라가게 되어 있다. 신축 아파트처럼 화끈한 상승을 원하는가? 모든 것에는 일장일단이 있는 법이다. 화끈하게 오른 것들은 조정도 화끈하게 된다. 필자는 꾸준하게 조금씩 오르는 기본에 충실한 아파트들을 더 선호한다. 구축 아파트로도 충분한 수익을 낼 수 있다는 것을 잊지 말자!

실전 사례 분석: 재개발, 재건축, 리모델링, 정비사업 시세링크 투자

구축 주택이 더 오래되면, 재개발이나 재건축, 리모델링의 이슈가 생기기 마련이다. 이래서 단독주택이나 아파트 등 대지 지분이 많은 순환주택은 정말 매력적인 투자처다. 왜냐하면 보통 차량이나 오피스텔 등 많은 자산들이 감가상각 되지만, 순환주택들은 일정 기간 감가상각이 되다가 아예 오래 되어버리면 다시 태어나기 때문이다. 재개발이나 재건축, 리모델링 등 정비 사업 이슈가 생기면 기대 심리로 주택의 매매 가격이 상승한다. 그렇다면 아직 정비 사업 이슈는 없지만, 앞으로 생길 수 있는 순환주택을 투자하는 것은 어떨까? 실전 사례를 살펴보면서 투자 방법을 익혀보자.

이번에는 좀 더 과거로 돌아가서 2017년 투자 사례를 살펴볼 것이다. 강력한 규제책이었던 8.2대책을 잘 알고 있을 것이다. 2017년 8.2대책이 나온 후, 두려움에 떨면서 나왔던 매물을 자신만의 기준으로 선택해서 좋은 결과를 낳은 케이스다.

서울특별시 당산역 일대 정비사업 현황 주변 지역

당산역은 일자리가 가장 많은 2호선과 9호선이 지나가는 황금 노선이 있다. 한강과 여의도 또한 걸어서 갈 수 있을 정도로 가까워서 입지가 매우 좋은 곳이다. 당산동4가 구축 아파트는 현재 재건축 정비사업이 진행 중인 아파트들 사이에 있다. 오른쪽에는 새롭게 재건축한 아파트가 신축되면서 시세 리딩을 해주고 있다. 왼쪽에 재건축을 하는 아파트도 새 아파트가 된다면 새 인프라를 누릴 수 있는 구축아파트들 또한 시세 견인이 될 것이다. 이렇게 주변에 신축과 정비사업을 하는 곳들 사이에 끼어 있는 곳에 투자한다면, 상승 확률이 더욱 높을 것이다. 게다가 덤으로 재건축이나 리모델링이 된다면 대박 나는 것이다.

현재는 당산역을 기준으로 오른쪽에 신축 아파트와 준신축 아파트가 모여 있어서, 대장 · 부대장 아파트도 오른쪽에 있다. 하지만, 유원제일 1차, 2차의 재건축이 완성되면 새로운 아파트는 왼쪽에 위치하게 된다.

심지어 초등학교, 중학교마저 왼쪽에 있다. 예전에는 유원제일1차, 2차가 부촌이었다고 한다. 지금은 신축이 오른쪽에 위치해 대장 자리를 내어 주었다. 하지만 유원제일이 새 아파트로 태어난다면, 대장 자리를 되찾을 것이다. 재건축 투자가 부담스럽다면, 그사이에 껴있는 구축 아파트에 투자하는 대안도 있다. 결국 구축 아파트도 재건축 또는 리모델링 압박을 받으면서 시세가 올라갈 것이다. 이렇게 순환 주택들은 주거니 받거니 살아있는 생물처럼 움직인다. 이러한 곳에서 순환주택 시세링크 투자법으로 제대로 비교 평가하면서 저평가된 아파트 한 채를 찾아 투자해보자.

서울특별시 당산역 일대 답사 지도

실제로 현장 답사를 할 때는, 이렇게 발품을 팔면서 실제로 지도를 그려보면 기억에 강하게 남아서 좋다. 답사를 하면서 손수 만든 지도에 시세까지 적어서 비교하면, 어떤 순환주택이 그 시점에서 저평가되어 있다는 것을 알 수 있다. 이렇게 하면 조금 더 현명한 투자를 할 수 있다. 답사를 할 당시에 최종 정리를 스타벅스 여의도공원R점에서 했었다.

결론적으로 여의도의 인프라를 실제로 가깝게 느낄 수 있었던 당산 지역에 반했다. 예전에는 당산이 마포보다 비쌌다고 한다. 하지만, 마포에 신축 아파트들이 들어서면서 마포가 매우 핫하게 바뀌었다. 이제 당산도 신축 아파트들이 하나둘씩 생기면, 많이 바뀌게 될 지역이므로 주의 깊게 관찰해보자. 덤으로 세대 당 평균 대지 지분이 많은 주택은 더더욱 좋은 후보가 될 것이다.

제이크의 One Point Lesson

숲을 잘 선택했다면, 나무를 선택할 때 이 부분을 명심 또 명심하자. 서울특별시든 지방이든 매우 중요한 요소다. 순환주택들이 모여 있는 정비사업이 활발한 지역에서 기회를 포착하고 주변에 있는 순환주택들에 투자하자.

추세 상승 모멘텀 투자를 하기 전에
꼭 확인해야 할 것!

지금까지 숲과 나무를 보면서 투자할 지역을 찾아내는 방법을 분석했다. 이제 그 분석의 화룡점정인 지수들을 보겠다. 투자자에 의해서 일시적으로 올라가는 것이 아닌, 실거주자들의 실수요에 의해서 올라가는 단지를 뽑아내는 작업이다. 실제 그 지역에 살고 싶은 수요라고 함은 아주 보기 쉬운 지표가 있다. 바로 전세와 월세 매물이다. 숲과 나무의 방법을 통해서 특정 지역 시군구 00동까지 정했다고 하면, 그 지역에서 어떤 단지를 선택하느냐 문제는 이것으로 해결할 수 있다.

바로 전세와 월세의 매물이 거의 없어야 한다. 다시 말하면, 전세나 월세 매물이 나오면 실거주자들이 대기하고 있다가 바로 들어가는 그런 곳을 말한다. 쉽게 네이버 부동산을 통해 검색해보면 바로 알 수 있다. 이렇게 전세나 월세 매물이 극히 드문 단지는, 자신이 투자해서 전세나 월세를 주기 무척 쉽다. 이렇게 매물이 없는 단지를 공략해야 한다. 같은 맥락에서 KB부동산에서 매주 발표하는 전세 수급지수도 이러한 전세 공급이 부족한지, 충분한지, 적절한지 나타낸다. 확인 차 볼 가치가 있다.

그다음 지표는 매매 전세 그래프이다. 앞에서 상승 에너지란 전세(수요) − 매매라고 정의했다. 이 상승에너지가 올라가려면 전세 즉 수요가 상승해야 하고, 매매는 아직 상승하지 않은 상태여야 한다. 만약 매매가격이 갑자기 많이 올라버리면, 그 상승 에너지를 썼다고 볼 수 있다.

즉, 아직 매매가격이 안 오른 단지에서 전세가격이 오르고 있는 단지를 선택해야 한다! 이렇게 통계 데이터들을 분석하고 그래프를 볼 줄 알면, 흐름을 알 수 있고, 상승 지역의 시그널을 감지해서 하락장에서 상승장으로 전환하는 초반에 투자를 실행해야 한다. 이렇게 하면 수익을 보는 모멘텀 투자를 할 수 있다. 이 그래프 추세의 단지를 찾아야 한다.

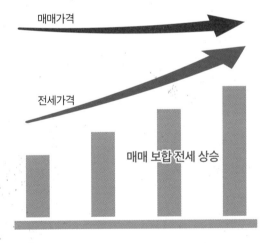

매매 보합 전세 상승 그래프(상승 에너지 증가)

Chapter 5

제이크차
부동산연구소
지역 분석 노하우

3~4장에서 숲과 나무를 보고 시세보다 저평가된 투자처를 찾는 연습을 했다. 5장에서는 자신이 분석해서 찾아낸 곳들이 투자처로 적절한지 확인하려고 한다. 빅데이터를 활용해 느낌이 아닌 과학적으로 분석하는 능력을 길러보자.

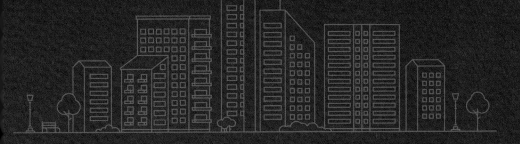

과거부터 현재까지
부동산 정책을 비교해보자

인간이 과학을 기반으로 미래를 예측할 때, 인류 사회의 변천과 흥망의 과정을 기록한 역사를 살펴본다. 여태껏 부동산 정책이 나올 때마다 부동산 가격이 어떻게 움직였는지 과거와 비교해서 살펴본다면 명확하게 어떤 영향을 받았는지 알 수 있을 것이다. 역사는 반복되지만, 인간은 망각의 동물이라 항상 두려워한다. 세상에는 두려움이라는 인간의 본능을 이용한 것들이 많다. 우리는 두려움에 빠지지 말고 과학적, 역사적, 이성적으로 접근해서 판단해야 한다. 그렇다면 과거 수차례 발표되었던 대책들을 한 번 살펴보자.

기간/연도

부동산 정책 시행 시기	1998~2003	2003~2008	2008~2013	2013~2014	2015~2017	2017~
서울 부동산 상승률	59.8%	56.5%	-3.2%	-0.1%	10.4%	상승 중
부동산 정책 기조	완화	규제	부양	부양	규제	규제

주요 정책	• 양도세, 취등록세 세제 감면 • 분양가자율 • 정비사업 규 제 완화 • 중도금, 금 리 완화 등 금융 지원 확대	• 양도세, 종 부세 세제규 제 강화 • 재건축초과 이익환수제 • DTI/LTV 강화 • 주택공급물 량 확대	• 양도세 등 세제 혜택 • DTI/LTV 완화 • 공공부문 지출확대 • 정비사업 규제 완화	• 임대주택 공공 부문 공급 확대 • 양도세, 취득세 세제 혜택 강화 • DTI/LTV 완화 정비사업 규제 완화	• 여신심사 가이드라인 발표 공공택지 분 양 물량 조 절 중도금대출 보증 요건 강화 집단대출에 여신심사 가이드라인 반영	• 조정대상지 역, 투기과 열지구 등 규제 적용 지역 확대 • DTI/LTV 강화 • 재건축 초과이익 환수제 부활

정부 부동산 정책 - 메리츠증권 리서치센터

그렇다. 부동산 가격은 정부의 정책보다 시장의 원리에 의해서 결정 된다는 사실이 입증되었다. 단기적인 효과만 있을 뿐, 오히려 시장은 반 대로 움직인다. 왜 그럴까?

부동산 정책은 시장에 의해서 결정된 방향성에 후행해서 나오기 때 문이다. 시중에 유동성 즉, 돈이 많이 풀리고 있으며, 수요는 늘어나는데 공급이 줄어든다면 어떨까? 아무리 정부에서 억압해도 부동산의 가격 은 올라갈 수밖에 없다. 무분별한 억제는 오히려 부작용만 커질 뿐이다. 다시 한 번 강조하고 싶다. 부동산 가격의 변곡점은 정부의 정책이 아니 라 시장의 경기 변곡점에 의해서 결정된다. 다음의 부동산 정책과 가격 의 상관관계를 다시 자세히 들여다보자.

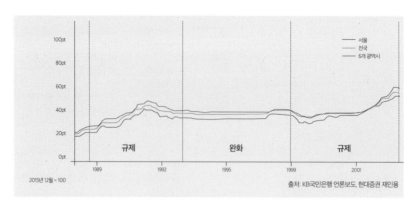

출처: KB국민은행 언론보도, 현대증권 재인용

노태우 정부

토지 공개념 도입
- 89.08.10 토지 과다보유세 부과
- 1989 공시지가제도 도입
- 89.11 분양가상한제 도입
- 90.04.13 부동산투기억제대책
- 90.05.08 부동산투기 억제와 물가안정을 위한 대기업 비업무용 부동산 처분 조치
  대기업 비업무용 부동산 처분 조치
- 1989~1992 토지거래전산망 구축

김영삼 정부

주택공급 확대
- 98.08.12 금융실명제 실시
- 95.03.30 부동산실명제 도입
- 95.11 일부지역 25.7평 초과 주택부터 순차적 분양가 자율화
- 97.12.03 IMF 구제금융 신청
- 98.02 민간택지 분양가 자율화
- 98.10 수도권 공공택지 25.7평 초과 분양가 자율화
- 99.01 분양가 전면 자율화
- 05.08 공공택지 중소형 분양가상한제, 공공택지 중대형분양가상한제
- 채권입찰제 2007년 하반기, 분양가상한제 민간아파트

김대중 정부

외환 위기로 인한 개방
- 98.05.22 주택경기 활성화 대책
- 98.09.25 건설사업 활성화 방안
- 99.08.20 건설 및 부동산 경기 활성화 대책
- 02.09.04 투기과열지구 LTV 60% 이내
- 02.10.11 전 지역 확대 LTV 60% 이내

노태우·김영삼·김대중 정부 부동산 정책과 주택 가격

신기할 정도로 규제하면 상승하고, 완화하면 보합 또는 하락하고 있다. 우리가 보는 순서가 바뀌어서 그렇다. 부동산 시장이 상승 방향성으로 움직이기 때문에 규제하는 것이고, 하락하는 방향성으로 움직일 때는 완화 정책을 펴는 것이다. 잘 생각해보자.

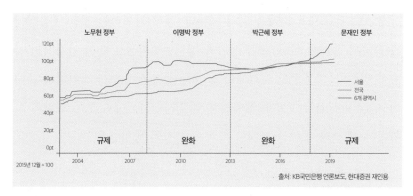

출처: KB국민은행 언론보도, 현대증권 재인용

노무현 정부	이명박 정부	박근혜 정부	문재인 정부
서민주의 의거 강력한 규제	**경기부양 위한 규제 완화**	**경기부양 위한 규제 완화**	**서민의 주거안정 및 실수요자 보호**
• 03.05.23 분양권 전매 금지 수도권 전역 재건축아파트 80% 이상 시공 후 분양	• 08.09.15 리먼브라더스 파산	• 13.04.10 생애최초주택구입 자금 연말까지 DTI 은행권 자율 적용	• 17.06.19 대출규제 조정대상 지역 40곳으로 확대 / 조정 대상지역 LTV, DTI 각 60%, 50%로 축소 / 서울 전역 입 주 때까지 분양권 거래 금지
• 03.09.05 투기과열지구 재 건축 조합원 지분 전매 금지	• 08.11.03 강남3구 이외 투기 지역 해제	• 13.08.28 828 전월세 대책	
• 03.10.29 종합부동산세 조 기 도입, 1세대 3주택자 양도 세 60% 중과, 투기지역 LTV 50% ⇨ 40%	• 09.07.06 수도권LTV 60% ⇨ 50%	• 14.07.24 LTV 70% 일괄 상 향 조정, DTI 60% 일괄 상 향 조정	• 17.08.02 서울 전지역 경기 과천, 세종시를 투기과열지 구로 지정, 투기과열지구 LTV, DTI 각 40% 적용 / 재 건축 초과이익환수제 내년 부터 시행
• 05.06.30 LTV 60% ⇨ 40%	• 09.09.04 수도권 비투기지 역 DTI 60% 적용	• 15.04.01 주택3법 시행	• 17.10.24 중도금 대출한도 축소
• 05.08.31 투기지역 6억 원 초과시, DTI 40% 적용, 1세 대 2주택 양도세 50% 중과	• 10.08.29 강남3구 제외 전지 역 DTI 규제 은행권 자율화	• 15.07.07 건축투자 활성화 대책	• 2018년부터 신DTI와 DSR 단계적 도입
• 06.03.30 투기지역 6억 원 초과 시, DTI 40%로 제한, 재건축 초과이익환수제	• 11.03.22 DTI 규제 부활	• 15.07.22 가계부채 종합관리 방안	• 17.12.13 임대주택 등록시 양 도소득세 중과세 배제 및 건 강보험료 인하
• 07.01.31 투기지역, 투기과 열지구 3억 원 초과 시, DTI 40%	• 11.12.07 12.7주택시장 정상 화 및 전월세 지원방안	• 16.08.25 가계부채 대책	• 18.02.22 재건축 안전진단 평가 구조안 정성 비중 30% ⇨ 50%로 확대
	• 12.05.10 강남3구 투기지역 해제	• 16.11.03 주택시장의 안정적 관리방안	• 18.09.13 종부세 세율 인상 및 세부담 상향선율 150% ⇨ 300%로 상향 1주택자도 규제 지역 내 주택 구입시 원 칙적으로 주택담보 대출 금지
	• 12.08.17 30대 무주택근로 자, 은퇴자 DTI 규제 완화, 순 자산도 소득으로 인정		
	• 13.04.01 4.1 부동산 대책 / 생애최초주택구입자금 연말 까지 LTV 70%		

노무현·이명박·박근혜·문재인 정부 부동산 정책과 주택 가격

정부도 부동산의 하락을 원치 않는다. 정부가 원하는 것은 변동성이 큰 급등과 급락이 아닌, 물가 상승률 정도인 2퍼센트 대의 안정적인 상승을 원한다. 자본주의 사회에서 물가가 계속 상승하는 하이퍼 인플레이션Hyper Inflation이나 계속 하락하는 디플레이션Deflation 모두 최악의 상황이다. 정부의 부동산 정책의 목적은 시장의 방향성을 바꾼다기보다, 변동성을 줄이는데 있다. 인플레이션으로 인하여 자본주의 사회가 안정적으로 발전한다. 세계적인 이슈와 함께 경제적인 여건 및 수급으로 인하여 부동산의 급등이 예상될 때 정부는 안정화 대책을 발표한다. 만약 경제 위기 때문에 급락이 예상된다면 활성화 대책을 발표할 것이다.

결국 부동산 투자도 정책에 따라 결정하기보다, 앞에서 설명한 글로벌 경제 상황과 수요와 공급을 보고 판단해야 한다. 시장의 힘은 굉장하기 때문에 그 누구도 막을 수 없다. 더욱이 요즘 같은 글로벌 시대에는 어느 한 국가가 원하는 대로 시장이 흘러가지 않는다. 결국, 전 세계가 동조화되어서 같은 방향으로 흘러가게 되어 있다. 우리는 그 시장을 보는 눈을 길러야 한다.

제임스 뷰캐넌James Buchanan과 고든 털럭Gordon Tullock이 1962년 펴낸 고전 《공공선택론》을 보면, 정치와 정부가 어떻게 작동하는지 연구했다. 공공선택론자들은 정치인과 관료 역시 기업가와 마찬가지로 자신의 이익을 위해 행동한다고 본다. '시장 실패'보다 무서운 게 '정부 실패'라고 주장하며 주류 경제학을 흔들었다. 노벨 경제학상을 받은 제임스 뷰캐넌은 1968년에 이런 말을 했다. "사회 질서에 관한 내 관점에서는 개인이 기본적인 구성 요소이며, '정부'란 단지 개인들이 집합적 결정을 내리며, 사적 행동들과 반대되는 집합적 행위를 수행하는 제도들의 복합체일 뿐이다. 정치는 그런 맥락 속에 있는 개인들의 행위이다." 뷰캐넌은 '공공선택론'과 '헌법경제학'이라는 새로운 영역을 개척한 공로로 1986년 노벨 경제학상을 수상했다.

털럭은 '지대 추구'를 통해 정부의 민간 경제 개입을 강하게 비판했다. 정치인들은 자신의 이익을 극대화하기 위해 규칙을 만들고 전략을 택한다고 주장했다. 부동산 가격의 변동성이 커질수록 이렇게 만들어진 부동산 정책이 나오는 시기가 짧아지며, 강도가 점점 더 강해진다. 하지만, 부동산 정책이 실패 국면에 들어가면 국민들의 신뢰를 잃기 시작하면서 점점 더 심각해진다.

변동성이 크지 않은 시장의 안정적인 상승을 위해서, 부동산 정책은 반드시 나와야 한다. 신중하게 잘 만든 부동산 정책으로 인하여 급등과 급락 없는 안정적인 부동산 시장이 되기를 희망한다. 급등과 급락이 있으면 비트코인처럼 누군가는 큰 아픔과 손해를 볼 수 있기 때문이다. 자본주의 사회에서 안정적인 물가 상승을 꿈꿔본다.

제이크의 One Point Lesson

정부 정책은 후행성이다. 당신이 투자자라면, 후행 자료를 보고 투자하면 안 된다. 앞에서 설명한 선행 지표인 글로벌 경제 공부와, 수요와 공급 등을 꿰뚫어 보고 투자하기 바란다.

선진입이 항상
옳지는 않다

　요즘에 전국이 불장이라는 말이 나올 정도로, 정부의 수많은 대책에도 급등하는 지역이 빈번히 생긴다. 이번 대책들은 핀셋 규제로 풍선효과가 생기게 된 구조여서 그렇다. 처음부터 투기지역과 조정대상지역이 된 곳들은 입지가 좋은 곳이다. 그 지역들이 점점 더 늘어나는 것은 투자자들이 점점 풍선효과로 퍼지고 있는 것이다. 그렇다면 지금이라도 점점 밀려나는 투자를 해야 할 것인가? 먼저 가서 기다리고 있으면 선진입할 수 있을까?

　표면상 선진입을 해서 수익을 본 것처럼 나타날 수 있다. 하지만 핀셋 규제로 인한 풍선효과 자체가 토끼몰이다. 선진입해서 투자자들이 우르르 몰려오면 호가가 올라가겠지만, 지금 당장 팔지 않으면 사이버 머니에 불가하다. 결국, 매도할 때가 중요하다.

　부동산 투자의 속성 자체가 장기전이다. 단타로 판다면, 많은 세금과 부대비용 등으로 실익이 많지 않다. 아무 지역이나 오르는 것이 아니다.

오르는 것처럼 보이는 곳이 있다. 단기적 상승이 있을 수 있지만, 금세 하락하는 곳도 있다. 조급해하지 말고, 기본에 충실해야 한다. 급하면 항상 실수한다. 결국 투자자들 말고, 실거주자들이 움직여야 그 시장은 대세 상승장에 진입한다.

필자도 선진입하고 매도해서 후회한 경험이 있다. 선진입해서 이익을 조금 남기고 투자자에게 넘기면, 그다음 투자자가 더 많은 이익을 얻는 경우가 많다. 실거주자들까지 붙는 대세 상승장에 진입하면, 더 많이 수익을 낼 수 있기 때문에 조금 느리더라도 시그널을 보고 안전한 투자를 하자. 한 번에 크게 성공하려고 욕심을 내면 다칠 수 있다. 명심해야 한다. 대세 상승장은 실거주가 붙어야 한다.

서울은 2013년 하반기에 반등을 시작해서 2015년 하반기부터 대세 상승장에 진입했고 서울 폭등은 2017년부터 현재까지 사이에 종종 있었다. 대전은 투자자들이 2015년 말에 본격적으로 진입했고, 2019년이 되어서야 대세 상승장을 맞이했다. 기본에 충실하지 않고, 투자자들의 선진입으로 인하여 반등한 지역들은 한계가 있다. 장기적인 하락으로 바닥을 형성한 것은 맞지만, 전세가격이 더 크게 하락한 시장에서 매매가만 급등하는 현상은 투자자가 경쟁적으로 가격을 올린 것이다.

결국 실거주자들이 시장에 참여할 때, 매매가와 전세가가 같이 오르며, 그 시장은 대세 상승장에 진입한다. 단기 상승시장은 진입 타이밍과 매도 타이밍을 절묘하게 맞추는 것이 중요하다. 대세 상승 장세에서 "이미 늦었다"라는 말이 나온 이후에 더 좋은 최적 진입 타이밍이 몇 차례 더 있다. 역대 대세 상승장에서 버스가 한 번 온 경우는 없었다. 버스는 계속 온다. 선진입한 투자자들과 컨설팅 업체에 현혹되지 말고 필자가 소개한 기본에 입각해서 투자한다면, 최적 진입 타이밍을 잡을 수 있는 현명한 투자가 될 것이다. 조급하고 초조한 투자자가 현명한 투자를 하는 경우는 많지 않다. 야구를 할 때, 공을 끝까지 보고 정확한 타이밍에 방망이를 휘둘러야 홈런을 칠 수 있다. 돈이 없을 뿐이지, 기회는 많고, 투자할 주택은 아직도 널려 있다. 조급해하지 말자. 제대로 분석해서 투자하자. 그래야 후회하지 않는 투자가 될 것이다.

제이크의 One Point Lesson

선진입이 항상 옳은 것이 아니다. 아무 곳에나 먼저 가서 기다린다고 해서, 오른다는 보장이 없다. 투자자들보다 실 거주자들이 움직여야 대세 상승장에 돌입한다. 전국이 다 오른다는 말이 나올 때일수록, 본인이 세운 투자 원칙에 입각해서 잘 투자해야 나중에 웃으면서 매도할 수 있다. 조급하면 실수한다. 변동성이 큰 시장에서 원리 원칙에 입각해서 잘 분석하고 판단해서 잃지 않는 투자를 하자!

내 집 마련을 위한
실거주 지역 분석 방법

핀셋 규제가 계속되면서 이전 역사가 되풀이되듯이, 수도권 대부분이 투기과열지역 또는 조정대상지역으로 지정되었다. 이렇게 수도권 전체가 규제 지역으로 지정되면, 수도권 내에서 더 이상 풍선효과로 밀려나는 투자를 할 필요가 없어지게 된다. 즉, 다시 중심 입지로 모이게 될 것이다. 다시 제로에서 시작하기 위해서 기본 입지에 충실하게 되는 시기가 온다.

신혼부부는 대개 무주택자나 1주택자일 확률이 높다. 자신이 만약 신혼부부라면 어디를 택할 것인가? 물론 사람마다 직장의 위치나 아이를 봐주시는 시부모 혹은 처가의 위치 등을 고려해서 선택해야 한다. 이번에는 필자의 입장에서 선택하려고 한다. 잘 보고 나서 자신만의 방법을 스스로 찾아보길 바란다.

모두 알다시피 서울은 이미 반 이상 상승한 상태이고, 너무 비싸다. 솔직히 신혼부부가 양가 부모님의 도움을 많이 받지 않는 이상 서울에 신혼집으로 아파트를 마련한다는 것은 정말 어렵다. 물론, 오피스텔이나 빌라를 선택할 수도 있지만, 필자가 좋아하는 분야가 아니기 때문에 아파트로 한정해서 골라보려고 한다. 부부가 수도권에 직장이 있다고 가정했을 때, 경기 북부, 경기 남부, 인천광역시 등으로 나누어 볼 수 있다. 필자는 경기 남부에 직장이 있기 때문에 그 지역을 살펴보려고 한다. 경기 남부에는 서울과 근접한 광명, 과천, 분당이 있다. 이 지역이 가장 인기가 높고 좋은 입지다. 하지만 좋은 만큼 가격 또한 비싸다. 조금 더 현실적으로 1인 가구 또는 신혼부부 입장에서 접근하겠다.

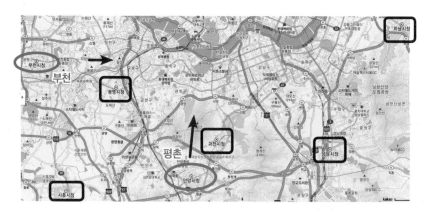

서울 경기 남부 지도

보기 쉽게 시청 위주로 표기했다. 광명, 과천, 성남은 이미 비싸다. 시흥시청과 하남 미사는 새 아파트 위주로 많이 생겨서 "신축이 입지다"라는 말이 나올 정도로 높은 가격대를 형성하고 있다. 이곳의 신축이나, 1기 신도시 평촌과 부천의 구도심 내 신축을 노려보는 것도 괜찮다. 다만 신축 아파트들은 어디에서나 가격이 높아서 신혼부부가 접근하기 부담스럽다.

앞의 지도에서 볼 수 있듯이, 서울에 근접한 경기 남부 1기 신도시는 부천과 평촌이 있다. 1기 신도시는 대개 구축 아파트가 많은데, 이 중에서 리모델링 이슈가 있는 단지들이 요즘 핫하다. 1기 신도시인 성남시 분당, 고양시 일산, 부천시 중동, 안양시 평촌, 군포시 산본 등 5개 도시들이 다 좋지만, 필자는 신축이 많이 들어서는 과천시와 과천지식정보타운이 있는 평촌 1기 신도시를 분석해보겠다. 평촌만 좋다는 뜻이 아니고, 평촌을 예로 들어서 분석할 것이니 독자 스스로 다른 도시들도 분석해보길 바란다. 구글 어스로 본 평촌 1기 신도시는 아래와 같이 과천, 반포, 용산 등 주요 입지에 접근성이 좋다.

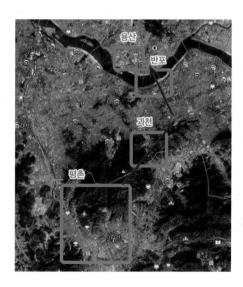

서울 경기 남부 구글 어스 지도

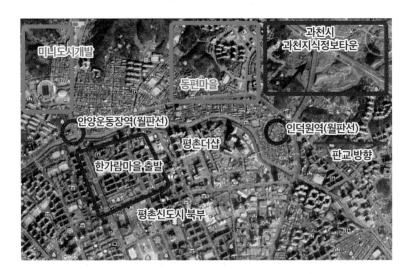

평촌 북부 구글 어스 지도

경기 과천 지식정보타운 구글 어스 지도

서울 강남 구글 어스 지도

필자가 직접 평촌에 있는 안양시청에서 차를 끌고 드라이브를 해본 결과 과천은 10분, 반포는 24분, 용산은 30분 걸렸다. 블랙박스로 촬영하면서 찍어 놓은 드라이브 답사기는 필자의 블로그에 가면 자세히 볼 수 있다(https://blog.naver.com/wodmsck/221584954730).

서울 용산 구글 어스 지도

서울에 다가갈수록 가격이 급격하게 상승하는 것을 볼 수 있다. 평촌에서 과천까지 자동차로 10분 정도의 거리지만, 과천과 평촌의 아파트 가격 차이가 많이 난다. 이렇게 구글 어스만으로도 입지 분석을 할 수 있다. 실제 발품을 팔아 지역을 직접 둘러보면 좋다. 직접 차를 끌고 가서 확인해보길 추천한다. 서울까지 접근성이 얼마나 되는지 바로 알 수 있다.

이제 다시 돌아가서 평촌을 본격적으로 보자. 평촌 1기 신도시는 광명, 과천, 분당이 서울과 같이 많이 오를 때, 일찌감치 함께 규제 지역으로 묶였다. 실제로 안 오른 곳들도 많은데, 약간 억울할 정도로 빨리 묶여버렸다. 오히려 풍선효과로 인하여 수원, 용인, 성남이 더 오르는 기이한 현상도 발생했다. 구축 위주의 평촌은 규제 지역이기 때문에 투자자들이 좋아할 이유가 없었다. 하지만 이제 수도권 전체가 규제 지역으로,

재조명 받을 곳은 바로 평촌이다. 입지가 좋은데도 불구하고 그동안 가려져 있었다. 평촌 주변에 과천과 과천지식정보타운이 계속해서 분양을 한다. 그렇게 되면 과천이 계속 주목받을 수밖에 없다. 판교가 생겨서 분당이 주목받았듯이 과천지식정보타운이 생기면 평촌이 주목받을 것이다. 또, 평촌 1기 신도시 주변으로 새 아파트들이 더 비싼 가격으로 계속 분양중이다. 당연하게 평촌으로 시선이 갈 수밖에 없다. 이것이 바로 필자가 좋아하는 순환주택 시세링크 투자 방법이다.

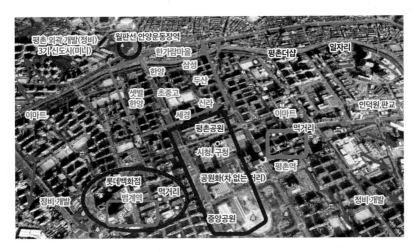

평촌 북부 구글 어스 상세 지도

경기도 안양시 평촌 1기 신도시 주변 지도

앞에서 설명한 순환주택 시세링크 투자 방법을 여기서 대입할 수 있다. 분양권, 재건축, 재개발, 신축, 준신축, 구축 아파트들의 시세가 계속 살아있는 생물처럼 바뀌기 때문에 모니터링하면서 저평가 주택을 찾아야 한다.

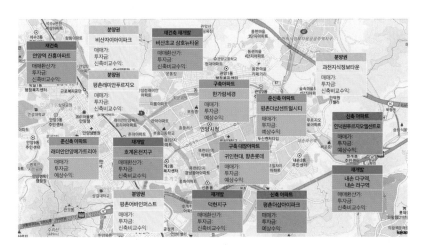

경기도 안양시 평촌 1기 신도시 순환주택 시세링크 투자 지도

이렇게 활발한 정비사업 현황으로 인하여 인프라가 새롭게 바뀌고, 시세를 서로 주거니 받거니 하면서 올라가고 있는 지역이 바로 평촌이다. 그런데 이렇게 보여주면, "여기도 이미 비싼데?"라고 말할 수 있다. 신혼부부를 위한 20평 구축 아파트를 예시로 보자.

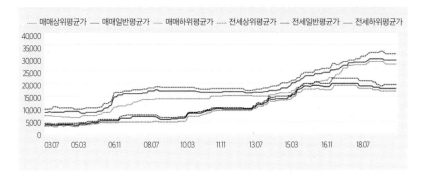

경기도 안양시 20평 구축 아파트 KB 매매, 전세 시세 추이

지속적인 수요로 매매가가 꾸준히 상승했지만, 아직 3~4억 원대에 머물러 있다. 비슷한 연식의 수용성이나 산본 같은 경우에는 입지에 비해 오히려 가격이 더 뛰어올랐다. 더욱이 용인 수지나 산본의 경우 구축 아파트도 리모델링 이슈 등으로 3~4억 원대 아파트들이 많은 상승을 보였었다. 다시 잘 찾아보고 분석해보길 바란다. 물론 이곳의 아파트가 리모델링이 된다는 이야기는 아니다. 주변에 순환용 주택들의 정비 사업에 둘러쌓여 있는 곳이기에 주목을 받을 수밖에 없다는 것이다.

리모델링의 되는지 안 되는지가 중요한 것은 아니다. 주목을 받아서 가격이 상승한다면 바로 매도하고 수익을 내는 것이 낫지 않을까? 수도권에서 신혼집을 구한다면, 타이밍이 의미 있을지 모르겠지만, 정확한 진입 시기는 앞에서 배운 경제, 수요, 공급에 관해 분석한 뒤, 스스로 자신만의 결정을 내려야 한다. 전세 매물이 많이 없어지거나, 전세가가 올라간다면 또 하나의 시그널이라는 것을 잊지 말자!

제이크의 One Point Lesson

앞에서 말한 지역을 매수하라는 것은 아니다. 방법론을 이야기한 것이다. 위의 예시처럼 자신이 살고 싶은 지역을 제대로 분석해보자. 투자의 끝은 결국, 현장이고 발품이다. 지금부터 부지런히 움직이자. 수억 원을 투자하는데 이 정도의 노력은 당연히 해야 하지 않을까?

투자자를 위한 확률 높은
투자 지역 분석 방법

대부분이 규제 지역인 수도권은 사실상 실거주가 아니면, 양도세와 중과세 때문에 투자의 매력도가 많이 떨어진다. 법인 투자라는 방법도 있지만, 토끼몰이 후 법인 세율도 늘려버렸다. 그렇다면 어디에 투자를 해야 할까? 당연하게 서울과 수도권이 좋지만 역사적으로 수도권과 지방의 상승 시기는 달랐다. 물론 지방도 일부 지역은 규제 지역으로 잡히고 있지만, 지방은 역사상 2~3년 이상 심한 규제를 하지 못했다. 선거와 같은 정치적인 이슈도 있고, 지방은 수도권과 비교해 도시 규모가 작고 민감하기 때문에 강한 규제를 오랫동안 지속하기 힘들다. 그런데도 이런 작은 리플에 일희일비하고 단타를 노리는가?

부동산 투자는 기본적으로 2~3년 대세 상승장을 생각하고 투자하는 것이 정신 건강에도 좋고, 추후 수익률도 훨씬 좋다. 자신이 투자한 곳이 규제 지역으로 되었다면, 오히려 잘 투자했다고, 진짜 오르는 곳을 투자했다고 생각하면 마음이 편하다. 작은 파동에 흔들리지 말자.

각 도시마다 흥망성쇠의 사이클이 있다는 것을 앞에서 봤다. 이제 지방에서도 타이밍이 오고 있는 곳들을 앞에서 확인하고 분석했다. 수요가 늘어나는 지역 중에 공급이 줄어드는 지역도 확인했다. 그중에서 매수우위지수 골든 크로스가 발생하고 상승 에너지가 많이 축척된 충청남도와 충청북도의 중심인 천안, 아산, 청주를 살펴보자. 사실 앞에서 전부 이야기한 지역이다. 혹시 기억나지 않는다면 수요와 공급, 골든 크로스와 상승 에너지를 앞에서 다시 한 번 살펴보고 오길 바란다.

우선 충청남도의 중심인 천안과 아산은 바로 옆에 있다. 두 도시는 삼성 디스플레이 등 대기업을 둘러싸고 있으며, 아산 탕정 신도시가 새로 생기고 있어서 주목을 받고 있다. 천안 아산역 주변에 생기는 아산 탕정 신도시는 분양가 대비 많은 프리미엄을 형성하면서 신축에 대한 기대감이 바로 반영되었다. 이로 인하여 천안은 물론 아산까지 주목받으면서 순환주택들이 시세를 주거니 받거니 하면서 상승할 가능성이 크다.

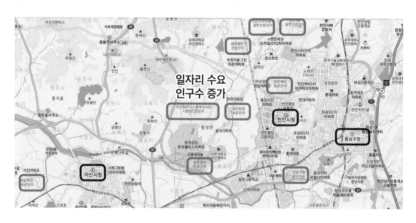

충청남도 천안시 아산시 주변 지도

이 지역이 타이밍이라는 것은 앞장으로 돌아가서 분석해보면 다 알 것이다. 그러나 어느 특정 정비 구역이라든지, 특정 아파트를 찍는 것은 의미가 없다. 왜냐하면 앞에서 본 것과 같이 순환주택은 살아있는 생물처럼 시세를 주거니 받거니 하면서 계속 바뀐다. 그래서 자신이 투자하려는 시기에 순환주택 시세링크 투자 지도를 들고 시세를 비교 평가해서 시세보다 저평가된 상품을 찾아내야 한다. 그 저평가된 순환주택이 때에 따라 계속 바뀐다. 즉, 누가 찍어줘서 투자하는 것은 먹을 것이 그만큼 없다. 스스로 분석해서 저평가된 순환주택을 찾아내서 투자해야 높은 수익률을 맛볼 수 있을 것이다. 앞에서 살펴본 충청남도 천안시의 순환주택 시세링크 투자 지도다.

충청남도 천안시 순환주택 시세링크 투자 지도

천안시 서북구가 좋다고 서북구만 보지 말고 동남구도 찾아보자. 천안시가 대세 상승 장세를 시작한다면, 서북구만 오를까? 결국, 동남구까지 따라서 올라가게 되어있다. 다만 오르는 속도가 빨라서 나중에 빠져나오기 수월한 것은 5년 이내의 신축 아파트일 것이다. 요즘 신축이 대세라서 그만큼 수요도 많기 때문이다.

그렇다면 천안만 오를까? 만약 천안시가 전체적으로 너무 많이 올라서 비싸다고 한다면, 아산시로 가보자. 서울이 오르고 수도권이 갭 메우기 식으로 따라 간다면 천안이 오르면, 바로 옆에 있는 아산도 오를 것이다. 예를 들어, 분양권 투자를 즐겨하는 사람이 천안시와 탕정 신도시에 갔더니 프리미엄이 전부 억 원이 넘게 붙어 있어서 실투자금이 부담스럽다면, 아산에 분양권 투자를 노려볼 수 있다. 분양권 투자는 프리미엄에 따라 실제로 들어가는 투자금의 차이가 크기 때문에, 수익률이 극명하게 갈린다. 물론 천안이 더 좋은 곳이지만, 수익률 측면에서 어디가 더 클지는 잘 비교해 봐야 한다. 이것 또한 때에 따라 다르니, 투자하는 시기에 철저하게 비교 평가해서 잘 투자하길 바란다.

앞에서 살펴보았던 한국감정원 매매지수를 근접 시군구별로 그래프를 그려서 비교해볼 수 있다. 예전에는 천안시의 거의 모든 지역이 비슷했는데, 현재 가장 저평가되어 있는 구는 어디일까?

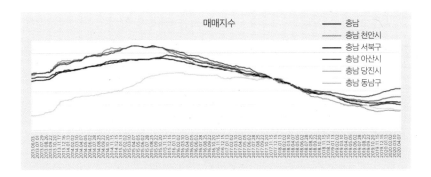

충청남도 한국감정원 매매지수 비교

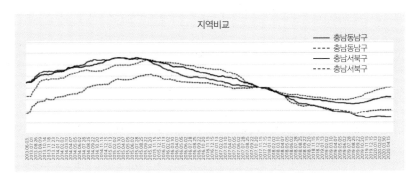

충청남도 천안시 서북구 동남구 한국감정원 매매지수 전세지수 비교

충청남도 천안시의 서북구와 동남구만 한국감정원 지수를 클로즈업해서 나타내보았다. 실선은 매매지수, 점선은 전세 지수다. 역사적으로 천안시가 올랐으면 모든 지역이 함께 동반 상승하지, 서북구만 상승한 적은 없었다. 계속 반복해서 말하고 있지만, 결국 그때마다 비교 평가해서 시세보다 저평가된 지역을 찾아서 투자하는 것이 중요하다.

만약 같은 조건이라면 당연히 입지가 더 좋은 서북구가 투자처로 좋겠지만, 이미 서북구가 상승하는 것을 확인했다면 한 발 느린 동남구에 투자하는 것이 좋지 않을까? 혹자는 동남구를 똥남구라 비하하며 사람이 살 곳이 아니라고 투자하면 안 된다고 한다. 그러나 동남구가 어떻게 변화했는지 직접 살펴보길 바란다. 대전역 동구 신흥SK뷰 같은 경우 3억 원에서 6억 원 가까이 상승하는 등 2배 정도 올랐다. 사람이 살기 에 편한 곳인 대전 서구 둔산동이나 도안 신도시가 좋겠지만, 투자자의 관점에서 수익률 측면을 바라보았을 때 투자하는 지역은 다를 수 있다. 그 지역이 대세 상승장에 진입하면, 너나 할 것 없이 다같이 상승한다.

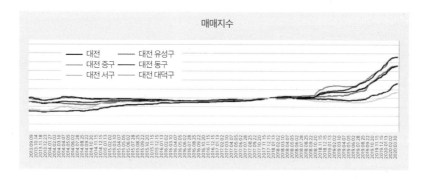

대전광역시 한국감정원 매매지수 비교

천안에서 그리 멀지 않은 충청북도 청주시도 투자하기에 좋은 타이 밍임을 앞에서 확인했다. 청주는 사실 천안보다도 인구수가 많은 도시 다. 하지만 천안보다 매매가격이 떨어져 있다. 천안보다 타이밍이 느려 서인데, 이것이 의미하는 바는 그만큼 청주 시장이 상승할 여력이 크다 는 것을 뜻한다. 앞에서 말한 선진입, 선선진입을 좋아하는 투자자들이 입주 물량 등을 무시한 채 너무 빨리 청주 시장에 진입해서 한때는 투자자의 무덤이라고도 불렸다. 많은 투자자들이 고통스러워했던 청주에 진짜 타이밍이 왔다. 그만큼 대세 상승장에 진입하는 타이밍을 잡는 것이 중요하다. 누군가 밀어서 형성되는 것은 아니다. 요즘 상승 장세가 너무 빠르다고 미리 진입하면 실패할 수 있다.

자신만의 기준으로 투자 타이밍을 잘 산정하자. 청주 또한 SK 하이닉스 등 국내 굴지의 기업들이 많이 있어서 꾸준히 수요 즉, 일자리와 인구수가 늘고 있는 지역이다. 이제는 미분양과 입주 물량 등 공급 감소가 시작되며, 매수우위지수 골든 크로스와 상승 에너지마저 많이 올라 있다. 이렇게 모든 시그널들이 한 곳을 가리킬 때, 그때 투자에 성공할 확률이 높다고 판단한다. 필자는 이렇게 모든 시그널들이 확실하게 전환되는 곳들을 안전하게 투자한다. 어떻게 보면 너무 보수적으로 보일 수 있겠지만, 기본 원칙을 중요시하는 것이 잃지 않는 투자의 비결이다.

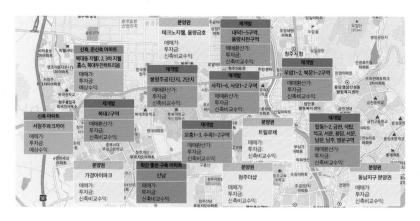

충청북도 청주시 순환주택 시세링크 투자 지도

앞에서 한 번 살펴보았던 충청북도 청주시 순환주택 시세링크 투자 지도다. 책을 아까워하지 말고 시세를 펜으로 적어보길 바란다. 서로 비교 평가해서 저평가된 곳을 제대로 찾아낸다면 그냥 투자하는 것보다 수천만 원의 이득을 확인하고 시작하는 것이다.

자세한 정비사업 정보를 알고 싶다면, 해당 시청 홈페이지에서 확인할 수 있다. 다음의 그림처럼 각 시군구 홈페이지에 들어가면 정비사업 현황을 자세히 볼 수 있다. 요즘 같은 IT 시대에는 순환주택 시세링크 투자하기도 매우 편하다. 조금만 부지런하게 움직이면, 남들이 못 보는 정보를 얻을 수 있다. 정보의 홍수 속에서 자신에게 꼭 필요한 정보를 찾아서 분석하는 것이 실력이다. 자신만의 능력을 키워가길 바란다.

저평가된 알짜 아파트 한 채

충청북도 청주 시청 정비구역 추진현황 사이트

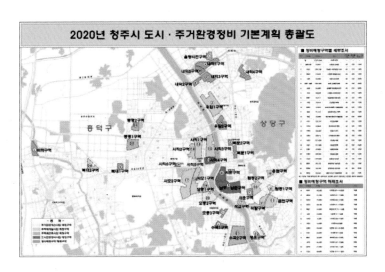

충청북도 청주 시청 도시 주거환경정비 기본계획 총괄도

정비구역 추진현황 (13개 구역) 2020.01 기준

연번	구역명	사업유형	세대수 기존/분양		용적률(%) 종수/용지	위원회 구성	정비구역 지정	조합설립 인가	사업시행 인가	관리처분 계획인가	추진 현황	비고
계	13개	-				12	12	10	8	4		
1	모충2	주거환경(1)	858	1,692	25 / 230	-	07.06.29	-	08.12.29		2021년 입주 예정	삼호
2	탑동2		487	1,368	35 / 250	07.03.26	08.08.29	08.11.10	16.03.25	17.01.20	착공 및 입주자모집 준비	원건설
3	사직1		924	2,482	30 / 248	07.02.16	08.09.19	08.12.24			사업시행계획인가 준비	변경중
4	사모3		1,051	2,330	35 /229.9	07.06.22	08.12.26	13.06.18	19.10.30.		관리처분계획인가 준비	현대+금호
5	사모1	재개발	848	2,512	29 / 250	07.02.16	08.09.19	08.12.18	18.01.19		관리처분인가 준비	변경중
6	사모2		1,376	4,050	31 / 250	07.02.16	08.09.19	09.08.06			건축,경관,교통심의안검토중	두산,한신,일성
7	모충1		379	995	26 /197.5	07.02.16	08.09.19	09.03.11			정비계획 변경중	해림
8	북대2		865	986	25 /247.6	07.02.16	08.12.26	09.12.03	16.11.08	17.12.06	조합원/세입자 95% 이주중	포스코
9	사직4		268	2,158	59 / 720	09.07.20	11.10.14				조합설립인가 준비중	-
10	율량·사천		306	748	25 / 250	07.02.16	12.09.14	15.07.02	17.11.01	18.08.21	2022년 입주 예정	금호
11	봉명1	재건축(4)	672	1,745	29 / 250	07.02.16	08.09.19	09.06.08	17.02.16	18.02.09	조합원/세입자 50% 이주중	SK+GS
12	봉명2		533	880	25 / 230	07.02.16					안전진단 C등급으로 정비구역 미지정	-
13	사천공구B			456	32 / 456	06.12.21	09.08.21	10.07.22	18.08.10		4동/456세대, 관리처분인가 준비 / 기본계획 수립 외	유함건설

제이크의 One Point Lesson

실거주든 투자든 기본에 입각해서 투자한다면, 성공 확률이 올라갈 것이다. 무조건이라는 단어는 투자의 세계에서 사기다. 투자란, 성공 확률을 높이는 게임이다. 모든 시그널들을 확인하고 분석해서 확률 높은 투자를 하자. 확률 높은 투자를 위한 정보는 조금만 부지런하면, 도처에서 얻을 수 있다. 많은 정보를 활용해서, 순환주택 시세링크 투자를 잘해보자.

매수는 기술, 매도는 예술!
시그널을 보고 전략 세우기

일반적으로 아파트를 사고팔 때도, 성수기와 비수기가 있다! 똑같이 올해 매수하고 내년에 매도한다고 했을 때, 성수기와 비수기를 알고 있다면 돈 1,000만 원 수익을 더 낼 수 있다. 이렇게 세심하게 접근한다면, 전세를 맞추는 것도 좀 더 수월하게 할 수 있을 것이다.

결국 사람들은 날씨가 좋을 때, 봄 또는 가을에 이사하기 원한다. 투자자들은 무척 더운 여름과 휴가철, 장마철, 크리스마스, 아주 추운 혹한기 겨울에 돌아다녀야 급매를 잡을 수 있을 것이다. 남들과 다르게 움직여야 미래가 바뀐다. 매수는 비수기에, 전월세 계약은 성수기에, 매도는 성수기에 실시해보자.

소형	중형
1월(비수기)	1월(비수기)
2월(성수기)	2월(성수기)
3월(성수기)	3월(성수기)
4월(성수기)	4월(성수기)
5월(평균)	5월(평균)
6월(비수기)	6월(평균)
7월(비수기)	7월(비수기)
8월(비수기)	8월(평균)
9월(성수기)	9월(평균)
10월(성수기)	10월(성수기)
11월(성수기)	11월(비수기)
12월(비수기)	12월(평균)

- 매수는 비수기에
- 매도는 성수기에
- 전월세 계약은 성수기에

아파트 매매 전세 성수기 비수기

구체적인 매수·매도 계절과 시기는 알겠는데, 그렇다면 매도하는 것이 맞는 것일까? 도대체 매도는 언제 해야 하는 것인가?

일반적으로 부동산 자산은 물가 상승률만큼 상승하기 때문에, 전세 레버리지 또는 대출 레버리지를 이용해서 투자했다면 계속 갖고 가는 것이 이득이다. 그러나 인생을 살면서 매도해야 할 타이밍도 있다. 경제 위기가 곧 다가온다는 시그널이 많다면, 매수 포지션에서 매도 포지션으로 바꿔야할 것이다. 결국 글로벌 경제 위기에는 전체적으로 자산가치가 하락한다. 그렇기 때문에 전부 안전자산으로 바꾸는 게 좋다. 지구 관점에서 바라보았을 때, 이때 하락한 입지 좋은 부동산을 다시 매입하는 것을 추천한다.

그렇다면 경기가 계속 좋다면 계속 가져가야 할 것인가? 투자 원칙에 입각해서 매수했다면, 수요가 계속 늘어나는 지역을 선택해서 투자했기 때문에 큰 걱정을 하지 않아도 된다. 하지만, 만약 그 지역에 많은 입주 물량이 예정된 것이 있다면 그 입주 시기가 오기 전에 매도하는 것이 좋다. 예를 들면 지금 천안 아산역 근처에 아파트를 매수했는데 2022~2023년에 아산 탕정 신도시 입주가 쏟아진다면, 입주 시기가 오기 전에 매도를 하는 것이 고통을 피할 수 있다. 입지가 좋아서 계속 갖고 가려고 한다면, 적어도 전세 맞추는 시기를 탕정 입주 시기와 분산시켜 놓아야 할 것이다. 세금 부분은 계속 달라지기 때문에 지속적인 공부가 필요하다. 세금도 잘 고려해서 매도 계획을 세워보자.

특히 부동산을 매도할 때는 확실한 이유가 있어야 한다. 정말 급하게 필요한 돈이 있거나, 다른 자산을 사기 위해서, 다가오는 입주 물량이나 경제 위기를 피하기 위해서 등 원인이 명확해야 한다. 나뿐만 아니라 부동산을 매도하고 나서 후회하는 사람이 무척 많다. 기본적으로 자신이 가지고 있는 자산보다 더 좋은 기회가 보일 때, 수익을 실현하고 갈아타는 것이 좋다. 자산을 갈아탈 때도 상승기라면 매수 계약을 먼저, 하락기라면 매도 계약을 먼저 하는 등 현명하게 계획을 세워야 한다. 명확한 이유가 있다면 당연히 매도해야 하지만, 한 번 더 신중하게 생각해보자.

인플레이션 시대에 살고 있는 우리는 자산이 기본적으로 우상향한다는 것을 유념해야 한다. 팔고 나서도 계속 오르리라는 것을 인정하고 매도해야 한다는 뜻이다. 매도 계획은 신중 또 신중하게 결정하자.

제이크의 One Point Lesson

매도 시기는 매수할 때와 반대라고 생각하면 편하다. 입주 물량이 늘어나는 것이 보일 때, 입주 시기가 오기 전에 매도한다. 미분양 물량이 늘어나기 전에 나와야 안전하다. 그와 별개로 2장에서 다룬 경제 위기 지표들이 안 좋다면 자신이 갖고 있는 물건들 중에서 입지가 떨어지는 물건부터 처분하도록 하자. 역사는 반복되고 기회는 다시 온다.

Chapter 6

제이크만
알고 싶은
실전 꿀팁

이제 독자 스스로 투자 지역을 찾아낼 수 있을 것이다. 수익률을 조금이라
도 더 끌어올리기 위해서 마지막으로 실전 꿀팁들을 대방출한다.

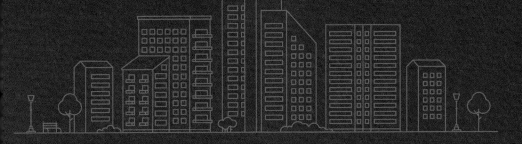

아파트 단지를 선택하는 4가지 기준

데이터를 비교 분석해서 어느 지역에 투자할지 정했다면, 이제는 어떤 단지를 선택해서 투자할 것인가 세세한 작업이 남았다. 사실 그 지역이 대세 상승장이 오면 너 나 할 것 없이 다 같이 오른다. 그래도 우리는 수익률을 조금이라도 더 높이고, 확률을 좀 더 높여야 하기 때문에, 사람들이 선호하는 단지를 고르는 디테일한 방법까지 살펴보자. 지금 살펴볼 단지 선택 기준은 앞에서 살펴본 숲과 나무를 선택하는 과정에 비하면 그렇게 중요하지 않다. 앞에서 큰 기준들을 잘 선택하는 것이 더 중요하고, 지금 볼 부분은 그다음이다.

1. 단지 세대수는 충분한가?

우선 첫 번째로 세대수는 최소 300세대 이상인 곳이 좋다. 세대수는 클수록 좋으며, 사실 500~2000세대 사이가 적당하다. 세대수가 너무 적으면 관리비가 조금 걷혀서 인프라 개선이 힘들고, 커뮤니티의 힘도

약하다. 세대수가 크면 클수록 돈도 많고, 영향력도 커서 좋다. 하지만 세대수가 너무 많으면 그 단지 내에 매물이 많다. 게다가 사람 사는 일이기 때문에 항상 급매물도 생기기 마련이다.

2. 평균 연령에 따른 평형대 정하기

두 번째로 같은 시라도, 지역 내에 연령이 젊은 동이 있다. 행정안전부 사이트 정책자료 통계를 확인하면, 각 시군구 평균 연령은 통계연보-주제별통계에서 주민등록인구통계에 들어가면 주민등록인구 기타현황에서 볼 수 있다.

전국 시군구 평균 연령 자료

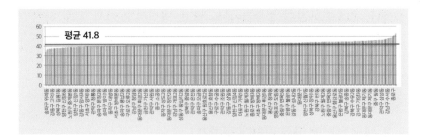

서울특별시 평균 연령 자료

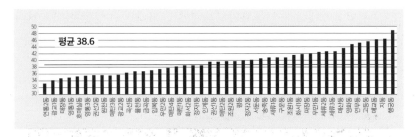

경기도 수원시 평균 연령 자료

　이렇게 각 시군구마다 평균 연령 통계 자료를 볼 수 있다. 여기서 무엇을 얻을 수 있을까? 젊은 연령대의 경우 소형 위주, 연령대가 높아질수록 중대형 위주로 접근하면 좀 더 타겟층이 잘 맞지 않을까? 그렇다. 평균 연령 자료를 확인하고 자신이 투자하고자 하는 지역에서 공략해야 할 평형대를 정할 수 있다. 어느 지역에 투자할지 마음을 정했다면, 자료를 잘 살펴보고 분석해보자.

3. 학군도 비교평가가 가능하다고?

세 번째로 확인할 것은 학군이다. 본인이 만약 투자하고자 하는 평형 대가 중대형이라면 학군이 더욱 중요하다. 신혼부부보다 중학교, 고등학교 자녀를 둔 세대가 중대형을 필요로 하기 때문이다. 학군은 '아파트 실거래가'라는 모바일 앱을 추천한다.

아파트 실거래가 모바일 앱 학군 기능

'아파트 실거래가' 모바일 앱에 들어가면 '지도로 아파트 찾기'가 있다. 입지를 비교할 때, 지도로 보면 더욱 편하다. 지도를 확인하면 오른쪽 기능들 중에 맨 마지막에 '학군비교'라는 것을 볼 수 있다. 이것을 누르면, 중학교 또는 고등학교의 학업성취도 평가 점수 비율과 진학률이 나온다. 지도로 입지를 비교하면서 어느 지역의 학군이 좋은지 한 눈에 볼 수 있기 때문에 굉장히 유용하다. 잘 모르는 지역의 학군이 궁금하다면 이렇게 하면 쉽게 파악할 수 있다.

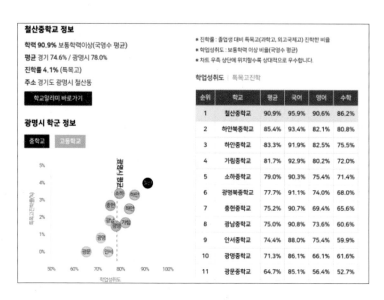

아파트 실거래가 경기도 광명시 일대 학군

경기도 광명시를 예를 들면, 지도에서 해당 입지에 학교를 클릭하면, 이렇게 학교들끼리 학업 성취도평가 평균 비율과 특목고 진학률 등을 비교 평가할 수 있다. 시세를 비교 평가하듯이 학군도 이렇게 간편하게 확인할 수 있다.

정보화의 시대에는 원하는 것을 찾으려고 한다면 쉽게 정보를 얻을 수 있다. 오히려 너무 많아서 무엇을 믿어야 할지 고민일 것이다. 필자가 추천하는 것을 먼저 확인하길 바란다.

4. 전월세 매물 제로를 찾아라!

마지막으로 확인할 것이 바로 전세와 월세 매물 갯수다. 결국, 그 단지의 실제 수요는 전세와 월세 매물로 나타난다. 전월세 매물이 적을수록 수요가 아주 큰 동네이다. 이렇게 수요가 큰 단지를 잘 찾아보자. 전월세 매물이 없는 곳에 투자한다면, 세를 맞추는 것도 수월할 것이다. 역전세를 당해본 투자자라면 이 말이 얼마나 중요한지 알 것이다.

제이크의 One Point Lesson

세대수는 최소 300세대 이상, 시군구 연령대를 보고 공략할 평형대를 선택, 학군을 보고 선호도 높은 아파트 찾아내기, 마지막으로 전월세 매물이 희소한 곳 공략하기! 부동산의 세계는 정글이자 전쟁터이다. 진짜 중요한 자신만의 단지 선택 기준을 갖고 투자하자.

발품 답사를 제대로 하는 3가지 방법

1. 손으로 직접 지도 그리기

초보자들은 앞에서 설명한 지역 분석을 끝내지 않고, 무작정 답사를 가서 한 번에 지르는 경우가 있다. 필자도 처음에 그랬다. 운이 좋다면, 주택 가격이 상승할 수 있지만, 보통 이런 투자의 경우 오래도록 상승하기 어렵다. 분석이 안 된 상태에서 발품을 하루 종일 팔게 되면, 몸은 매우 피곤하고 지치게 된다. 그렇게 마지막으로 들어간 부동산 중개소에서 계약을 하게 된다. 자신이 고생을 많이 했다고, 이것이 최선의 선택이라고 착각하게 된다. 수억 원의 주택을 매수하는데 하루만 돌아다니고 사는 것이 과연 최선의 선택일까? 몇 만 원짜리 쇼핑하는 데도 수없이 고민하는데, 수억 원짜리 살 때는 얼마나 신중해야 할까? 유명한 복부인들은 수많은 강의를 다 듣고, 멘토들의 교집합으로 장점이 겹치는 곳에 투자한다.

고수들은 준비과정이 세심하고 디테일하지만, 행동할 때는 빠르다!

발품은 자신이 분석한 것이 실전과 맞는지 확인하러 가는 것이다. 즉, 발품 가기 전에 분석을 모두 마쳐야 한다. 숲과 나무를 정해 놓고, 어떤 나뭇잎을 고를지 확인하는 절차다. 물론 그 확인 절차도 매우 중요하다. 실제로 답사를 가서 사람들이 사는 길을 직접 밟아보고 느껴야 한다. 앞에서도 설명했지만 시세 지도를 직접 자신의 손으로 그려보아야 한다. IT시대는 너무나도 편하다. 휴대폰으로 지도를 바로 확인할 수 있다.

하지만 아날로그 감성으로 직접 지도를 그리게 되면 그만큼 입지가 잘 보인다. 절대 그 입지를 잊지 않게 된다. 스스로 그 지역을 돌아다니며 그린 지도의 입지와 시세는 비교 평가를 올바르게 할 수 있게 도와준다. 필자를 믿고 한 번 해보길 권한다. 시세도 함께 적어야 한다. 수억 원의 주택을 매수하는데 최소 이 정도 노력은 해야 하지 않을까?

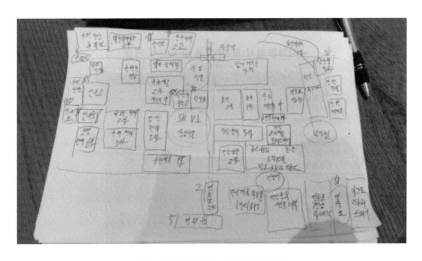

당산 역 일대를 직접 손으로 그린 지도

2. 부동산 소장님들의 마음을 공략하라!

거래를 성사시켜주는 사람은 바로 부동산중개사다. 나도 초보 시절
에는 부동산 복비가 너무나도 아까웠다. 하지만 부동산중개인이 능력을
발휘하면 몇 천 만 원 저렴하게 매수할 수 있다. 부동산 복비를 아까워
하지 말고, 어떻게 하면 급매를 잡을 수 있을지, 어떻게 하면 조금 더 싸
게 매물을 잡을 수 있을지 고민해야 한다.

자신이 관심을 가지고 있는 단지의 매물을 보유하고 있는 부동산을
인터넷으로 미리 찾아서 확인해야 한다. 답사를 가서 그 부동산에 들린
다면, 꼭 두 손 무겁게 방문하길 추천한다.

결국, 인간관계다. 매도자 입장이든, 매수자 입장이든 부동산중개인
을 자신의 편으로 만들어야 한다. 사람마다 잘 맞는 사람이 있고, 안 맞
는 사람이 있다. 직접 방문했는데 자신과 맞지 않는 것 같으면 과감히
나가도 된다. 굳이 안 맞는 부동산에서 거래할 필요가 없다. 자신과 잘
맞는 부동산을 찾고, 부동산중개인과 관계를 잘 맺어서 급매가 나올 때
마다 연락을 받을 수 있도록 노력하자. 그러기 위해서는 부동산중개인
과 식사도 함께 할 수 있을 정도로 자주 찾아가야 한다. 급매를 잡을 때
까지 자주 만나야 한다. 급매는 쉽게 얻는 것이 아니다. 입장을 바꿔서
생각하면 된다. 매물이 나왔을 때 진짜 살 것 같은 사람, 열심히 찾아오
는 사람, 가장 자주 봤던 사람에게 먼저 연락하게 되어 있다. 부동산 계
약서를 작성할 때도 부동산중개인을 자신의 편으로 만들어야 자신에게
조금 더 유리하게 계약서를 쓸 수 있다. 그 부동산에서 거래하기로 마음
먹었다면, 부동산중개인을 자신의 편으로 만들어야 한다.

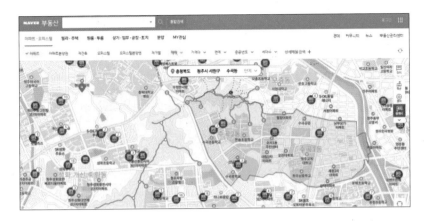

네이버부동산 중개사 탭

네이버부동산을 확인하면 지도로 보기에서 오른쪽에 단지 대신 중개사 탭을 누르면 중개사 위치와 그 중개사마다 갖고 있는 매물을 볼 수 있다. 앞에서 말했던 것처럼 자신만의 기준으로 스스로 선택한 지역을, 그 지역의 부동산중개사와 함께 찾는다는 생각으로 중개사들을 살펴봐야 한다. 자신이 사업가라면 사업을 함께할 동반자를 찾는다는 마음으로 임하자.

3. 스마트폰 앱을 스마트하게 활용하자

IT 시대에 정말 유용한 스마트폰 앱들이 많다. 수많은 부동산 정보와 계약서 등 넘치는 자료를 클라우드 상에 저장하고 나중에 검색해서 쉽게 찾을 수 있으려면 저장 앱을 사용하는 것이 좋다. 투자자들이 많이 쓰는 메모 앱 중에 '에버노트'를 추천한다. 에버노트는 마치 회사에서 근무할 때 많이 쓰는 마이크로소프트 아웃룩 같다. 스스로 저장할 수 있는 폴더를 만들고 거기에 노트들을 넣고 관리할 수 있다. 실제로 많이 사용할수록 그 앱의 효과가 발휘된다. 저장한 것들이 많을수록, 필요할 때마다 그곳에서 검색해서 사용할 수 있기 때문이다. 일단 시작해보자. 세금 같은 것도 세무사와 상담 하는 것이 당연 좋지만, 간단한 것 같은 경우에는 부동산 계산기 앱으로 계산이 가능하고, 인터넷 등기소 앱에서 등기도 직접 확인해볼 수 있다. 소유권 이전 등기를 할 때, 부동산에서 소개시켜주는 법무사 비용이 너무 비싸다고 생각되면 '법무통'이라는 앱을 활용해도 좋다. 등기 비용을 계산할 줄 모른다면, 견적을 여러 군데에서 받아보고 싶다면, 시세를 알고 싶다면 이앱을 적극 활용해보자.

특히 정보를 올려놓으면 여러 법무사들이 견적서를 역으로 제출한다. 그것을 확인한 후 자신이 원하는 법무사에게 의뢰할 수 있다.

최소 소유권 이전 등기 비용에 대한 시세 파악을 할 수 있다. 반대로 그 견적서를 가지고 부동산에서 소개해준 법무사에게 이 정도로 해달라고 제안할 수도 있다.

지도에서 시세를 볼 수 있는 '호갱노노'라는 앱도 있다. 이런 스마트한 세상에 살고 있는 우리는 더 이상 호갱이 되면 안 된다. 이제 스마트하게 스마트폰 앱을 사용해보자.

제이크의 One Point Lesson

부동산 발품, 답사의 팁은 앞의 사항들이 삼위일체가 되어야 한다. 직접 손으로 지도를 그리면서 발품 팔기! 능력 있는 부동산 소장님을 찾고, 자신의 편으로 만들기! IT시대 스마트하게 스마트폰 앱 활용하기! 꿀 팁들을 다 적용해서 잘 활용해보자.

역전세도 확실하게
대처할 수 있다

아파트 투자 갯수를 늘릴수록 역전세를 맞을 확률이 커진다. 투자자라면 역전세를 당할 수 있다고 생각하고 투자하는 것이 마음 편할 수 있다. 그렇다면 어떻게 해야 역전세를 잘 대처할 수 있을까?

역전세란 전셋집의 물량이 늘어나는 데 비해 전세를 살려는 사람들이 줄어들거나, 재계약하는 시점에 전세 시세가 떨어지는 등 투자자에게 어려운 시기를 말한다. 하지만 이럴 때 매물의 경쟁력을 높이는 방법을 알아야 한다.

전세가 잘 안 나간다면, 가장 먼저 최대한 많은 중개사들에게 의뢰해야 한다. 앞에서 말한 네이버부동산 등을 이용해서 부동산중개사에게 전화 또는 문자로 부탁하자. 그래도 안 된다면, 전단지를 만들어 여러 부동산을 방문해야 한다. 자존심이 상한다고 생각하면 안 된다. 이 정도 각오는 하고 투자해야 한다. 다음 방법으로는 직접 광고하는 것이다. '직방', '다방', '한방', '피터팬' 등 여러 플랫폼에 자신의 집을 올리는 것이다. 현수막까지 걸 각오로 한다면, 전세는 빠질 것이다. 구축 아파트에서 자신의 상품 경쟁력을 올리려면 전체적으로 인테리어를 해야 한다.

저렴한 비용으로 인테리어하는 방법은 뒤에 소개할 것이다. 먼저 광고하는 방법부터 설명하려고 한다. 수리한 뒤에 예쁘게 사진이나 동영상을 찍어서 PPT도 만들고, SNS까지 광고한다고 마음을 먹자. 요즘 핫한 셰어하우스나 에어비앤비 콘셉트로 집을 꾸며놓고 집을 보러 오는 사람들을 맞이하자. 특히 방향제나 꽃 등으로 홈스타일링을 해보자. 굳이 이렇게까지 해야 하냐고 묻는 사람들도 있겠지만, 역전세를 한 번 당해보면 생각이 바뀔 것이다. 누구나 하는 방법이 아니기 때문에 이 방법이 통하는 것이다. 솔직히 필자의 입장에서는 이러한 꿀팁을 방출하는 것이 두렵다. 누구나 하게 되면 경쟁력이 사라지기 때문이다.

하지만 부지런한 사람들만이 이 방법을 활용할 것을 알기에 마음껏 독자들에게 소개한다. 만약 전세 시세가 내려가서 현재 있는 세입자가 어느 정도 전세금을 돌려주기를 요구한다면 어떻게 해야 할까? 전세가가 무척 많이 내려갔다면, 당연히 돌려주는 것이 맞다. 보통 애매한 수준에 있을 때 많은 분들이 고민한다.

내가 직접 많은 세입자들과 재계약을 하면서 느낀 것은, 세입자들이 높은 전세금을 이사갈 때 안전하게 돌려받을 수 있을지 걱정한다는 것이다. 이럴 경우에 역전세로 전세금을 돌려주는 대신에, 임대인이 전세금 보증보험 비용을 지불해준다고 하면 된다. 이렇게 되면 세입자는 전세금 보증보험을 통해서 전세금을 보호할 수 있어서 좋고, 임대인은 역전세를 맞는 대신에 보험료 조금 지불하면 걱정거리가 해결된다. 그 외에 고장난 곳이나 인테리어를 해야 하는 곳이 있으면 해주겠다는 등 세입자가 원하는 것을 파악하는 것이 중요하다. 임대인은 본인 집에 투자하는 것이고, 세입자는 서비스를 받게 되어 서로 기분이 좋다.

원-윈하는 전략을 펼쳐보자. 그리고 명절 때 가끔씩 세입자 집에 과일 한 박스 보내길 추천한다. 이렇게 사이가 좋아지면, 나중에 순환주택 매도 시, 세입자가 협조도 잘해주게 된다. 자신이 베풀었던 것은 반드시 다시 돌아온다.

부동산도 결국 사람이 하는 일이다. 사람 사는 일에서 너무 빡빡하게 앞에서 계산하고 따지면, 될 일도 잘 안 된다. 적은 돈을 투자함으로써 임대인과 임차인 모두 기분 좋게 지낼 수 있고, 그로 인하여 큰 수익도 낼 수 있다.

제이크의 One Point Lesson

자신의 물건을 최대한 많이 노출시키고 광고를 적극적으로 하자. 자신의 물건이 구축이라면 올 수리는 물론, 홈스타일링까지 해서 경쟁력을 높이자. 전세금 보증보험, 인테리어 등 세입자가 원하는 서비스를 제공하자. 투자도 사업이다. 사업가 마인드를 갖자!

비용을 반으로 절감시키는
셀프 인테리어 노하우

　인테리어를 예쁘게 잘해야 전세나 월세를 높게 받을 수 있다. 집 전체를 좋은 가성비로 수리할 수 있다면, 수리비를 조금 투자해서 전세금을 더 높게 받아보자. 그렇게 되면 투자금을 조금이나마 아낄 수 있고, 수익률을 더 높일 수 있다. 먼저 저렴하게 전체 수리를 하고 싶다면, 최대한 여러 군데에서 견적을 받아야 한다. 나도 처음에는 일일이 검색해서 연락한 다음에 견적을 받았다. 많은 견적서를 비교한 후에 최선의 선택을 했었다.

　하지만 요즘에는 좋은 사이트와 유용한 앱들이 많다. 아파트 인테리어도 스마트폰 앱 중에 '숨고', '인기통', '레몬테라스' 등 자신이 하고 싶은 인테리어를 문의하면 여기저기서 견적서를 보내온다. 그 견적서를 보고 마음에 드는 업체에 연락해서 진행하면 된다. '애니맨'이라는 앱은 심지어 자신이 급하게 필요한 단순노동인 일손이나 심부름 등 알바를 제공한다. 이러한 앱을 활용하면 올 수리 인테리어도 저렴하게 잘할 수 있다. 실제로 필자가 했었던 15평과 21평 사례를 공개하려고 한다.

경기도 초소형 아파트		
15평	견적(만 원)	소요 시간
베란다 탄성 코팅	27	반나절
욕실 (욕조 철거 후 방수)	170	2일
발코니 타일, 현관 타일	30	1일(욕실 타일 포함)
싱크대, 부엌타일, 신발장	150	1일
도배 25, 장판 35	60	1일
올 화이트 필름 (몰딩)	62	1일
콘센트, LED등, 스위치 등 교체	33	반나절
올 수리 총 비용	532	7일

15평 올 수리
532만 원

15평 아파트 화이트 올 수리 Before & After

이렇게 지저분한 15평 아파트도 500만 원 정도만 투자하면 새 것처럼 바뀐다. 시세보다 1~2천 만 원 싸게 매입해서 저렴하게 수리해보자. 그런 다음 전세를 높은 가격에 주면 그만큼 투자금을 줄이고 수익률을 높일 수 있다. 특히 수리할 때 전체적으로 하얗게 하는 것이 좋다. 자신이 살 집이 아니기 때문에 자신의 취향보다는 전체적으로 유행을 타지 않는 색깔로 인테리어를 하는 것이 좋다.

21평 아파트도 마찬가지로 700만 원 정도로 할 수 있다.

경기도 소형 아파트		
21평	견적(만 원)	소요 시간
베란다 탄성 코팅	35	반나절
욕실 (욕조 철거 후 방수)	170	2일
타일 (주방, 현관, 발코니)	- (욕실 가격에 포함)	1일(욕실 포함)
ㄱ자 싱크대, 신발장	201	2일
도배 35, 장판 45, 발코니장판 10	90	1일
올 화이트 필름 (몰딩)	160	2일

콘센트, LED등, 스위치 등 교체	47	1일
올 수리 총 비용	703	10일

21평 아파트 화이트 올 수리 Before & After

21평 올 수리
703만 원

21평 아파트 화이트 올 수리 Before & After

　이런 식으로 25평, 34평, 45평, 60평 등 전체적으로 수리한다면, 전·
월세를 놓기 수월할 것이다. 만약 이런 것들을 신경 쓰고 싶지 않거나,
시간이 부족하다면 전문 인테리어 업체에 맡기도록 하자. 전문 인테리
어 업체를 쓰면서 가장 저렴하게 하고 싶다고 생각하면 안 된다. 자신의
시간을 아끼고 신경 쓰지 않기 위해서 대신 일해주는 것이다.

　돈을 아끼고 싶다면 직접하는 것이 가장 저렴하다. 업체들을 직접 선
정하고 일정을 짠 뒤에, 관리사무소에 신고해야 한다. 다음의 '인테리어
공사 안내문'을 엘리베이터와 집 문 앞에 붙인다.

　구축 아파트라면 인테리어하는 집이 많다. 누구나 한 번은 하게 되므

로, 동의 구하는 것을 너무 두려워하지 말자. 스스로 직접 일정을 짠다면, 집 전체 수리 일정은 어떻게 계획하는 것이 좋을까? 가장 바깥에 있는 베란다부터 큰 공사가 필요한 것부터, 차근차근 해야 한다. 필자가 했었던 일정표를 참고하여 스스로 스케줄을 짜보자. 공사를 진행하는 사람마다 다르지만, 순서가 바뀌면 도배 일부분을 다시 해야 하는 등 귀찮은 일이 생길 수도 있다. 또, 공사 업자들마다 시간이 겹치면 서로 불편한 부분이 있기 때문에 시간도 오전과 오후로 나누어서 잘 짜야 한다. 하나라도 밀리면 쭈르륵 밀릴 수 있으므로, 시간 관리를 잘 할 수 있게 하자.

	월	화	수	목	금	토	일
21평 인테리어	11	12	13	14	15	16	17
	잔금	오전 탄성코팅	욕실	욕실	욕실	필름 (몰딩)	필름 (몰딩)
		오후 싱크철거		현관타일 주방타일	발코니 타일		
	18	19	20	21	22	23	24
	도배	싱크대	도배 AS	입주			
	장판	신발장	입주청소				
	발코니 장판	조명설치 콘센트					

인테리어 공사 안내문

안녕하세요?

000호에서 '인테리어 공사'를 아래와 같이 하게 되었습니다. 일일이 모든 분을 찾아 뵙지 못하고 인테리어 공사를 하게 되어 이렇게라도 양해의 말씀을 드립니다.

공사기간 동안 최대한 불편이 없도록 소음, 분진 등에 관하여 관리를 철저히 하도록 하겠습니다. 혹시 불편사항이 있으시면 아래 연락처로 연락 부탁드리며 댁내에 항상 행복함이 있기를 기원합니다. 감사합니다. 양해 부탁 드립니다.

공사호수	000동 0000호
공사기간	2020년 3월 12일 ~ 3월 19일
공사내용	내부 인테리어
작업시간	AM 9시 ~ PM 6시
연락처	010-0000-0000

공사일정	공사내용
3월 12일(화)	철거
3월 13일(수)~14(목)	욕실
3월 15일(금)	필름
3월 18일(월)	도배
3월 19일(화)	씽크대 설치

아파트 인테리어 공사 양해 글

꼭 한 번은 해보길 추천한다. 직접 해보아야 얼마나 신경이 쓰이고 힘든 일인지 알 수 있다. 각 공사마다 시세도 알 수 있고, 어떤 일인지 알아야 전문 인테리어 업체에 맡길 때 제대로 일을 시킬 수 있다. 어느 정도의 신경과 노력이 들어가기 때문에, 얼마의 보수를 줄지도 느끼게 된다. 실제로 등기도 스스로 해봐야 법무사에게 소유권 이전 등기 수수료를 줄 때 잘 알고 줄 수 있듯이, 셀프 인테리어를 해봐야 전문 인테리어 업체한테 맡길 때 잘 맡길 수 있다.

시간은 한정되어 있다. 자신이 모든 것을 할 수 없다. 투자자라면 올바른 투자에 더 신경을 써야 한다. 그 외의 일은 전문가에게 맡기는 것이 효율적이다. 다만, 전체적으로 부동산 투자를 알기 위해서는 한 번쯤 손수 해보는 것을 추천한다.

제이크의 One Point Lesson

역전세를 대처할 수 있는 전세보증보험과 올 수리 인테리어를 적극 활용하자. 한 번 직접 해보면 깨닫게 된다. 직접 해보고, 투자 금을 줄여서 수익률을 올려 보자.

규모의 경제 카르텔의
힘을 키우기

주변의 사람들 중 부동산을 매도하고 후회하는 모습을 많이 보았다. 물론 나도 마찬가지다. 부동산의 속성이 하락보다는 물가가 상승하듯 증가하기 때문이다. 세계 경제 위기에는 하락할 수도 있다. 그러나 자본주의 사회가 안정적인 인플레이션을 추구하기 때문에 경제 위기만 피하면 궁극적으로 자산의 가치는 상승한다. 돈의 가치는 계속 떨어진다. 자산을 모으는 사람이 부자가 된다. 만약 독자 스스로 인플레이션에 베팅한다면 자산을 모아가야 한다. 물론 그 자산의 상품 가치가 좋으면 좋을수록 이익이 커질 것이다. 누구나 가지고 싶을 정도로 좋은 입지의 상품이면 좋다. 그렇기 때문에, 좀 떨어지는 상품은 팔고, 좋은 물건은 계속 모아가는 작업을 해야 한다. 규모의 경제는 누구나 알고 있을 것이다. 좋은 입지에 좋은 자산을 계속 모아가서 규모의 경제 카르텔 힘을 키워야 한다. 지금 이 순간에도 숨겨진 진주가 있다. 열심히 진주를 찾아서 하나씩 하나씩 모아야 한다. 어느 정도 자산이 형성되면, 저절로 자산이 당신을 위해 일하면서 굴러갈 것이다. 그때 자신이 해야 할 일은 하고 싶은 것을 하는 것이다. 특히 세계적 경제 위기를 감지하면서 위기에 대처를 잘하면 된다. 이 책에서 그 방법들을 자세히 설명했다. 독자 스스로 자산을 쌓고, 소중한 자산을 늘려가길 바란다.

부동산 투자의 세계는 정글이고 전쟁터다. 하지만 이 난관을 극복하고 자본주의를 깨닫는 사람에게 큰 성공이 있을 것이다. 우리 함께 성공해서 정상에서 만나자.

필자는 국내 주식 투자, 장외 주식 투자, 미국 주식 투자, 인도네시아 주식 투자, 비트코인 투자, 수익형 부동산 투자, 시세 차익형 부동산 투자 등 모두 경험했다. 그중에서 가장 수익률이 높고, 요즘 시기에 가장 확률이 높은 시세 차익형 부동산 순환주택에 대해서 이 책에서 다루었다. 프롤로그에서 다룬 부동산 투자 포트폴리오를 보면 이런 주택투자만 할 것이 아니라, 공격형 시세 차익형 투자와 수비형, 수익형 투자를 적절히 분산투자해야 한다고 언급했다. 순환주택 투자가 전부가 아님을 다시 한 번 상기하고 자산 투자 포트폴리오를 잘 세우길 바란다.

"나를 도와준 사람의 숫자는, 내가 도와준 사람의 숫자"라고 한다. 자신이 아무리 똑똑해도, 두 사람의 지혜를 이지기 못한다는 말도 있다. 결국, 같이 손을 잡고 가야 멀리 갈 수 있다. 주변에 사람들과 함께 노력하고 서로 도와주면서 멀리 가보자.

실패를 두려워한다면 아무것도 못할 것이다. 성공할 때까지 실패를 거칠 수밖에 없다. 성공하면 추억이 되는 것이고, 실패하면 경험이 될 뿐이다. 사람은 용기가 없어서 실패하는 것이다. 용기를 갖고 도전해보자.

영국에서 만난 한국 부자들, 그들의 습관은 무엇이 다를까?

대학원 석사 과정을 임페리얼 칼리지 런던에서 했다. 세계에서 부동산이 비싸기로 유명한 런던이었기 때문에 주거에 대한 부담이 만만치 않았다. 런던에서는 주택 임대 시스템이 월세가 아닌 주세 개념이었다. 매주 임차비용을 지불해야 하는 상황이었다. 실제로 필자가 대학원에서 공부하기 전에 런던이 아닌 영국 스톤하우스라는 시골에서 인턴을 한 적이 있다. 그 시골에서 조그마한 방을 빌려서 사는데 매주 집주인에게 많은 돈을 지급했었다. 영국의 시골도 그렇게 비쌌는데, 런던은 오죽했을까?

학교 기숙사도 저렴하지 않았다. 런던의 비싼 집값과 임차비용 때문에 스페인 바르셀로나에서 런던으로 매일 1,500킬로미터를 비행기로 출퇴근하는 사람이 있을 정도다. 이 사람은 SNS에서 스페인에서 영국 런던으로 비행기를 타고 출퇴근하는 것이, 런던에서 거주하는 비용보다 더 저렴하다는 것을 입증했다. 이것을 보며 경악했다. 런던이나 뉴욕과 같은 전 세계의 대도시들은 갈수록 점점 양극화가 더 심해질 것 같다. 지정학적 리스크가 제거되고, 외국 자본이 본격적으로 들어오면 서울도 런던, 뉴욕, 뉴질랜드나 캐나다의 도시들처럼 양극화로 급상승할 것이다.

런던에서 유학 생활을 하면서 대기업이나 중소기업 사장의 자녀들이 유학 생활을 어떻게 하고 있는지 살펴보았다. 한국의 대부호들은 영국 런던에 100억 원이 넘는 주택을 서슴지 않고 매수했다. 그들은 런던이라는 국제 대도시의 주택은 희소성이 있기 때문에 인플레이션에 베팅하고 투자도 할 겸, 자녀들의 거주를 해결한 것이다. 일반 사람들은 "부자들은 돈이 많으니 그렇게 쉽게 사겠지"라고 단정해버린다.

하지만 자수성가한 부자들은 일반인보다 더 돈을 아껴 쓰고, 생각 없이 투자하지 않는다. 그래야 지속 가능한 부자가 되어서 본인의 돈을 지킬 수 있기 때문이다.

매우 신중하게 투자하는 사람들이 런던에 100억 원대 주택을 어떻게 매수할 수 있었을까? 그들은 버스비, 식료품 값이 오르면 주택의 가격도 실물 자산이기에 최소 물가상승률에 맞게 상승한다고 보고 있다. 또 그런 핵심 지역들은 공실이 날 위험이 없다. 자녀들이 방학으로 인하여 한국에 갈 때는 빈 기간인 몇 주 동안 임차를 준다. 임차 시스템이 주세이기 때문에 단 1주라도 임차를 줄 수 있다. 공실의 확률이 매우 적다는 뜻이다. 빈 방이 하나 있다면, 거주하는 동안에도 그 방 하나만 임차를 줄 수도 있다. 헐값이 아닌 매우 비싼 가격에 말이다.

세계 중심 도시의 주택은 자산 해지 성격이 강한 자산으로써 안전하면서도, 월 현금흐름과 시세 차익을 둘 다 가져갈 수 있는 좋은 부동산 투자처였다. 이러한 것들을 보면서 필자는 충격을 받았다. 부동산이란 무엇인지 생각하게 됐고, 관심을 두게 되었다. 여행을 좋아하는 탓에 전 세계 주요 도시들을 방문할 때마다, 부동산에 찾아가 주택 가격을 보고 많은 것을 느끼고 있다.

영국이나 미국, 홍콩 등 거의 모든 국가에서는 어느 정도 종자돈이 없으면 부동산 투자를 한다는 것이 사실상 힘들다. 능력 있는 많은 젊은이도 부동산을 산다는 것을 포기하고, 비싼 주거비용은 당연하다고 생각하며 지불하고 살아간다. 유학 생활을 마치고 직장생활을 하는 친구들에게 물어보았다. 고액의 연봉으로 유명한 실리콘밸리의 직원들도 샌프란시스코의 높은 주거비용 때문에, 실제 순수익은 한국 기업 직원들과 큰 차이가 없다고 한다.

필자도 한때 외국에서 살고 싶어서 유학 생활도 하고 외국 기업에서 일도 했었다. 하지만 지금 한국에서 살고 있는 이유는, 한국만큼 기회가 있는 땅이 많지 않다는 것을 느껴서다. 많은 젊은이가 기회의 땅을 찾아 나서지만, 진정한 기회는 대한민국에 있다. 그 이유는 전세 제도 등의 살아있는 시스템 때문에, 아직 소액으로 투자를 시작할 수 있다는 것이다. 대한민국의 청년들이 하루빨리 자본주의 시스템을 깨닫고, 많은 노력을 통해 기회를 잡아서 성공하기를 바란다.

저평가된 알짜 아파트 한 채

빅데이터로 찾아내는 현명한 내 집 마련

초판 1쇄 발행 2020년 9월 15일
초판 3쇄 발행 2021년 1월 4일

지은이 제이크 차

펴낸이 이형도
펴낸곳 (주)이레미디어
전화 031-908-8516(편집부), 031-919-8511(주문 및 관리) | 팩스 0303-0515-8907
주소 경기도 파주시 회동길 219, 사무동 4층
홈페이지 www.iremedia.co.kr | 이메일 ireme@iremedia.co.kr
등록 제396-2004-35호

편집 심미정, 이치영 | 디자인 이유진 | 마케팅 최민용
재무총괄 이종미 | 경영지원 김지선

ISBN 979-11-88279-87-6 03320

·가격은 뒤표지에 있습니다.
·잘못된 책은 구입하신 서점에서 교환해드립니다.

이 도서의 국립중앙도서관 출판예정도서목록(CIP)은 서지정보유통지원시스템 홈페이지
(http://seoji.nl.go.kr)와 국가자료종합목록 구축시스템(http://kolis-net.nl.go.kr)에서
이용하실 수 있습니다. (CIP제어번호 : CIP2020031468)